Stefan Laurin

Versemmelt

Der Ruhrgebiet ist am Ende

Henselowsky
Boschmann

Stefan Laurin ist gebürtiger Gelsenkirchener, wuchs in Gladbeck und Frankfurt am Main auf, wohnt in Bochum und arbeitet als freier Journalist unter anderem für Die Welt, Die Welt am Sonntag, die Jüdische Allgemeine und die Jungle World. Nebenbei ist er Herausgeber des Blogs Ruhrbarone. Über die Entwicklung des Ruhrgebiets schreibt er seit 1996.

Boschmann und Bunpanya-Boschmann GbR
Schützenstraße 31 · 46236 Bottrop
post@vonneruhr.de · www.vonneruhr.de
1. Auflage 2019
ISBN 978-3-942094-98-6
Umschlag-Illustration: Oli Hilbring
Druck: Friedrich Pustet GmbH & Co. KG, Regensburg

Inhaltsverzeichnis

Einleitung

Dieses Buch ist ein Rückblick auf ein Thema, das mich seit 1996 beschäftigt. Damals begann ich als Redakteur für das Ruhrgebietsmagazin Marabo zu arbeiten. Zwei Themenbereiche kamen nach und nach in meinen Verantwortungsbereich: die Multimedia-Seite, auf der ich neben der Vorstellung von Computerspielen und neuen Webseiten auch immer mal wieder über netzpolitische Themen berichtete, und die Rubrik „Ruhrgebiet". In der ging es oft um ein Thema, von dem ich, bevor ich beim Marabo anfing, noch nicht einmal wusste, dass es existiert: Ruhrgebietspolitik. Damals sollte der Kommunalverband Ruhr (KVR) abgeschafft werden, was mich so wenig interessierte wie die Spielstände in der dritten Fußball-Liga Chinas.

Der Mann, der das änderte, hieß Frank Levermann. Er war Pressesprecher des KVR und für das Ruhrgebiet ein

Glücksfall: Er kannte nicht nur die Geschichte der Region in- und auswendig, sondern er brannte für das Ruhrgebiet und die Idee, dass es zu einer großen Stadt zusammenwachsen könnte. Sein Arbeitgeber, der KVR, war ihm nicht allzu wichtig. Wichtig war, dass der Verband die einzige Klammer des Ruhrgebiets war. Sollte sie wegfallen, müsste man alle Hoffnungen auf eine gemeinsame Zukunft, auf eine „Ruhrstadt" begraben.

Nach zwei Stunden im Büro von Frank war ich von der Idee der Ruhrstadt begeistert. Nicht mehr über fünfzig vor sich hin wurstelnde Städte, sondern eine echte Metropole mit fünf Millionen Einwohnern. Größer als Berlin würde sie sein, und wenn all die Potenziale, die das Ruhrgebiet hatte, zusammengelegt würden, auch kein Notfall, der am Tropf finanzieller Hilfen hängen müsste. Frank Levermann begeisterte damals viele Journalisten von der Idee der Ruhrstadt, von der Idee, dass es ein Ende haben müsste mit der Kirchturmpolitik im Ruhrgebiet.

Wir schrieben uns in den kommenden Jahren die Finger wund, wir verfassten Artikel um Artikel, wir belegten, dass es klüger wäre, wenn die Städte mehr zusammenarbeiten würden, ja, dass eine einzige große Stadt, zumindest aber ein eigener Regierungsbezirk für das Ruhrgebiet die beste Lösung wäre.

Und wir lagen richtig, wir hatten recht: Noch heute endet jede Studie zum Ruhrgebiet damit, dass die Verfasser die mangelnde Kooperationsbereitschaft im Ruhrgebiet als eines der größten Probleme ansehen, wenn es um die mangelnde Zukunftsfähigkeit des Reviers geht. Über fünfzig Städte auf einem Fleck, mehr als ein Dutzend Nahverkehrsunternehmen, Sparkassen, Energieversorger – keine Region Deutschlands, ja Europas in dieser Größe wird dilettantischer regiert als das Ruhrgebiet.

In den nun gut 20 Jahren, die ich mich mit dem Ruhrgebiet beschäftige, hat es Fortschritte gegeben:

Der Regionalverband Ruhr (RVR), Nachfolger des KVR, wurde nicht, wie vom damaligen Ministerpräsidenten Wolfgang Clement gefordert, zerschlagen, sondern hat das Planungsrecht für das Ruhrgebiet erhalten, das in den 1970er Jahren vollkommen verloren ging. 2020 wird zum ersten Mal das Ruhrparlament, wie sich die Verbandsversammlung des RVR mit einem gewissen Pathos nennt, von den Bürgern direkt gewählt werden.

Den großen Durchbruch gab es in dieser Zeit allerdings nicht. Es gab keine große Zusammenlegungswelle der Nahverkehrsunternehmen, es gab nicht einmal nennenswerte Fortschritte beim Nahverkehr – er ist immer noch teuer und schlecht. Die Millionen Menschen, die nicht an der Achse Dortmund – Duisburg leben, sind nach wie vor meist nicht vernünftig angebunden.

Was es auch nicht mehr gibt, ist eine Begeisterung für die Region. Die historische Chance, die sich in den späten 1990er Jahren eröffnete, weil es eine regelrechte Euphorie für das Thema Ruhrgebiet gab, ist passé. Dass es so kam, war kein Zufall. Die Ruhrgebiets-Euphorie wurde von den meisten Politikern als störend empfunden und ausgebremst. Wie das geschah, ist eines der Themen dieses Buches. Aber vor allem ist es eine Abrechnung. Es geht um vertane Chancen, um Fehler, um Ignoranz, um den fehlenden Willen, zu gestalten. Und im Ruhrgebiet gibt es eine weit verbreitete Opferhaltung. Alle anderen sind schuld, lassen das Revier hängen, helfen nicht genug.

„Dein Grubengold hat uns wieder hochgeholt“, knödelt Herbert Grönemeyer in seinem Hit „Bochum“. Das ist so richtig, wie es falsch ist: Ohne die Kohle und den Stahl aus dem Ruhrgebiet hätte sich die junge Bundesrepublik nach dem Krieg nicht so schnell erholt. Aber unter Tage arbeiteten damals Bergleute, keine Samariter. Für ihre Arbeit bekamen sie Geld – und nach damaligen Maßstäben sogar relativ viel Geld. In den ersten Jahren nach dem Krieg kamen noch üppig bemessene Lebensmittelpakete dazu. Und die Bergbau-Unternehmen verschenkten ihre Kohle auch nicht, sie verkauften sie.

Es floss viel Geld ins Revier damals. Die Städte des Ruhrgebiets waren reiche Städte. Und das Geld, das sie hatten, war von ihren Bürgern und Unternehmen erarbeitet worden. Nichts zu danken, Geld gegen Leistung. Und natürlich auch kein Grund, besonderen Dank zu erwarten.

Das Ruhrgebiet hatte viele Möglichkeiten, die meisten hat es nicht genutzt. Und verantwortlich dafür war niemand anderes als die Menschen der Region, die all das mitgetragen haben.

Stefan Laurin

Wie alles anfing

Irgendwann waren da einmal mal riesige Farnwälder und subtropisches Klima. Warm und feucht wie in einer guten Kneipe morgens um vier Uhr muss es damals im Ruhrgebiet gewesen sein. Das war im Karbon vor gut 300 Millionen Jahren. Das tierische Leben spielte sich zu dieser Zeit vor allem im Wasser ab, aber Insekten und ein paar Amphibien gab es schon – sie waren die einzigen Wirbeltiere an Land.

Und dann war das Land weg, und das, was einmal das Ruhrgebiet werden sollte, lag auf dem Grund eines Meeres. Schicht für Schicht bedeckten die Pflanzen, immer wieder zog sich das Wasser zurück, dann kam es erneut. Und die nun tief in der Erde liegenden abgestorbenen Pflanzen wandelten unter dem Druck in vielen hundert Millionen Jahren zu Kohle. Nicht nur im Ruhrgebiet: Die kohletragende Schicht, die unter dem Ruhrgebiet liegt, erstreckt sich von Katowice in Polen bis nach Cardiff in Wales und von Belgien und Nordfrankreich bis nach Leeds in England. Erst in der Kreidezeit vor 70 Millionen Jahren, in der Ära der Dinosaurier, zog sich der Ozean, der die Region bedeckte, zurück.

*

Vor 80 000 Jahren siedelten sich Neandertaler zwischen Hamm und Duisburg an. Sie hielten es hier lange aus. Moderne Menschen sind noch nicht so lange da; die kamen erst vor 10 000 Jahren.

Das Ruhrgebiet ist also schon sehr lange besiedelt, besonders wichtig war es die allermeiste Zeit jedoch nicht. Hier errichteten die Römer, anders als in Köln oder Trier, keine großen Städte. In Haltern schufen sie ein Militärlager, aber prägend für den weiteren Verlauf der Geschichte waren die Römer hier nicht. Die Landschaft nördlich und südlich der Emscher, des Flusses, der das Ruhrgebiet eigentlich prägt, war sumpfig und wurde immer wieder von Überschwemmungen heimgesucht.

Ja, Dortmund war im Mittelalter eine Freie Reichsstadt, aber von der Plünderung durch die Schweden konnte sich die Stadt nicht wieder erholen. Sie sank ab in die Bedeutungslosigkeit. Das Frauenstift in Essen war eine Zeit lang eine europäische Mittelmacht, konnte aber dauerhaft seinen Status nicht halten. Duisburg gehörte zu den frühen Universitätsstädten, verfiel allerdings und wurde 1818 offiziell aufgehoben. Die Insignien gingen ebenso in den Besitz der neu gegründeten Universität in Bonn über wie große Teile der Universitätsbibliothek. Essen war schon in der frühen Neuzeit eine Waffenschmiede, war aber von seiner Größe her überschaubar. Und die Stadt Bochum war vor der Industrialisierung nicht mehr als ein Ackerbürgerstädtchen, dessen Einwohner von der Landwirtschaft lebten.

Links und rechts des Emschertals, im heutigen Norden des Ruhrgebiets, bestimmte der unberechenbare Fluss das Leben der Menschen. Siedlungen in seiner Nähe waren von dem oft über seine Ufer tretenden Gewässer bedroht, größere Städte entstanden hier nicht. Noch weiter im Norden waren Recklinghausen und Dorsten Städte mit Stadtmauer und einer gewissen Bedeutung als Handelspunkt. Sie schafften es sogar in den Simplicissimus, das große Epos über Deutschland im Dreißigjährigen Krieg. – Ein Ruhrgebiet gab es nicht.

Die wichtigste politische Einheit vor der Industrialisierung war die Grafschaft Mark. Sie erstreckte sich zu beiden Seiten der Ruhr zwischen dem Vest Recklinghausen, der Freien Reichsstadt Dortmund, dem Fürstbistum Münster, der Grafschaft Limburg, den Herzogtümern Westfalen und Berg, der Grafschaft Gimborn, der Reichsabtei Werden und dem Reichsstift Essen.

Nach dem Ende des Deutschen Reiches zog Preußen 1815 dann mitten durch das spätere Ruhrgebiet die Grenze zwischen seinen Provinzen Westfalen und Rheinland. Diese Grenze gibt es noch heute, nur dass aus den alten Provinzen die Gebiete der Landschaftsverbände Rheinland und Westfalen wurden.

*

Das Ruhrgebiet, wie wir es kennen, entstand erst mit der Industrialisierung. Die Kohle trieb diese Entwicklung an: In ihrer Nähe siedelte sich die Stahlindustrie mit ihrem großen Energiebedarf an. Eisenbahnen sorgten für den Transport von Menschen und Gütern.

Im 19. Jahrhundert veränderten sich die meisten Städte in Deutschland innerhalb weniger Jahrzehnte. Immer mehr Menschen zogen vom Land in die Stadt und fanden Arbeit in den entstehenden Industrien. Nirgendwo vollzog sich dieser Wandel so schnell und so radikal wie im Ruhrgebiet. Hier wuchsen die Städte nicht, sie explodierten. 1808 war Bochum ein Ackerbürgerstädtchen mit gerade einmal 2138 Einwohnern, hundert Jahre später eine Stadt, in der über 100 000 Menschen lebten. Das Wachstum erfolgte nicht kontinuierlich, sondern fiel vor allem in die Zeit nach der Reichsgründung von 1871 und der ihr folgenden Hochkonjunktur, welche die Kohle- und Stahlproduktion stark wachsen ließ.

Wie in Bochum ging es in allen Städten im Ruhrgebiet. Dortmund wuchs binnen eines Jahrhunderts von 4394 auf 167 570 Einwohner, Essen von 4000 auf 199 615 Einwohner, und Gladbeck, damals noch ein Dorf, wuchs zwischen 1870 und 1915 von 4000 auf 52 273 Einwohner.

Hatten bis dahin zwischen den Städten und Dörfern noch Wälder, Felder und Brachland gelegen, so bildete sich nun eine gemeinsame Landschaft heraus, die das Ruhrgebiet von seinem Umland unterschied. Zwar gab es an den Rändern Zonen des Übergangs, aber schon Anfang des 20. Jahrhunderts stellte sich die Region für Reisende als eine einzige Stadt- und Industriefläche dar. Seitdem wird das Ruhrgebiet von außen vielfach als Einheit wahrgenommen. Besucher wundern sich, dass es über fünfzig unterschiedliche Städte gibt, die jenseits des Fußballs so wenig wahrgenommen werden wie ihre Repräsentanten.

Warum, fragen sich viele, ist das nicht eine Stadt?

Die Idee Ruhrgebiet

Typhus ist ganz ohne Zweifel eine unangenehme Krankheit: Müdigkeit, Kopfschmerzen, Verstopfung, Durchfall, Bewusstseinsstörungen begleiten die Erkrankten, und in vielen Fällen steht am Ende der Tod. Im Jahr 1900 erkrankten in Bochum 500 Menschen an Typhus. Ein Jahr später waren es im benachbarten Gelsenkirchen 2500, von denen 200 starben.

Im Ruhrgebiet grassierten um die Wende vom 19. zum 20. Jahrhundert zahlreiche Seuchen. Neben Typhus noch Malaria, Ruhr, Cholera, Diphtherie. Auch Lungenentzündungen waren an der Tagesordnung.

Die zu diesem Zeitpunkt bereits seit Jahrzehnten boomende Region war ein medizinisches Notstandsgebiet, und der Hauptgrund war nicht einmal die von Ruß und Chemikalien belastete Luft, sondern das Wasser, ein Giftcocktail aus

Bakterien, Viren und Industrieabfällen. Die Abwässer der Menschen und der Fabriken gingen eine unheilvolle Mischung ein und flossen über viele kleine Bäche und Flüsse in den zentralen Fluss der Region: die Emscher.

*

Die Emscher und die mit ihr verbundenen Probleme waren der Anlass für die erste Zusammenarbeit der Städte und Kreise des Ruhrgebiets, und die führte im Jahr 1899 zur Gründung der Emschergenossenschaft.

Nichts hat die Region so geprägt wie die Emschergenossenschaft; ihre Gründung war nichts anderes als ein großes Glück für die Menschen in den Städten des Ruhrgebiets; sie rettete Tausende vor dem Tod und verbesserte die Lebensbedingungen aller. Durch den Umbau der Emscher, ihrer Nebenflüsse und den Bau von Kläranlagen sollte sie in den Jahren nach ihrer Gründung die hygienischen Verhältnisse radikal verändern. Die Zeit, in der verdrecktes Flusswasser Seuchen verursachte, war damit beendet.

Doch wie es im Ruhrgebiet immer war: Obwohl Politiker aus Essen schon lange auf eine gemeinsame Regelung zur Lösung des Abwasserproblems drängten, entstand die Emschergenossenschaft nicht aus Einsicht, sondern durch Zwang. Mehrere Städte zeigten sich von den Plänen für ein neues Reichsseuchengesetz beeindruckt, das schließlich ab 1900 strengere Regeln für die Wasserversorgung und Beseitigung von Abfallstoffen vorschrieb. Doch nicht alle Städte reagierten auf den drohenden gesetzlichen Druck und schon gar nicht mit gesundem Menschenverstand, wie Ralf Peters in „100 Jahre Wasserwirtschaft im Revier" schreibt. Nicht alle Ruhrgebietsstädte nahmen an der ersten Versammlung am 14. Dezember 1899 teil:

„Vor dem Hintergrund des drohenden Reichsseuchengesetzes zeigten vor allem Kommunen das größte Interesse, die nur unzureichende Entwässerungen besaßen. Nicht vertreten war daher unter anderem die Stadt Dortmund, die seit 1895 umfangreiche Rieselfelder an der Lippe betrieb. Von einer grundsätzlichen Einigkeit der Kommunalverwaltungen kann zu diesem Zeitpunkt also keine Rede sein."

Am 14. Juli 1904 wurde ein Sondergesetz verabschiedet, das die Aufgaben und Kompetenzen der Emschergenossenschaft festlegte, mit dem die Städte zur Zusammenarbeit gezwungen wurden:

„Wir Wilhelm, von Gottes Gnaden Deutscher Kaiser, König von Preußen usw., verordnen mit Zustimmung beider Häuser des Landtags Unserer Monarchie, was folgt:

§1. Zum Zwecke der Regelung der Vorflut nach Maßgabe eines einheitlichen Projektes und der Abwasserreinigung im Emschergebiete sowie der Unterhaltung und des Betriebes der ausgeführten Anlagen wird auf Grund dieses Gesetzes eine Genossenschaft begründet […]"

*

Was sich um die Wende vom 19. zum 20. Jahrhundert zutrug, das sollte der Normalfall werden. Viele Städte, allen voran Dortmund, wehrten sich gegen jede Form der engeren Zusammenarbeit, und das hat sich bis heute nicht grundsätzlich geändert.

Eine Ruhrstadt, ein starkes Ruhrgebiet gibt es nicht, weil die Kommunalpolitiker es nicht wollen. Aber das ist nicht alles. Die Menschen wollen es auch nicht wirklich haben und drängen die Politiker nicht dazu, enger zu kooperieren. Der im Jahr 2011 verstorbene Bochumer Historiker Klaus Tenfelde, ein Mann, dessen Stimme heute fehlt, fasste es in den Vorbemerkungen zu dem von ihm mit herausgegebenen Buch „Das Ruhrgebiet. Ein historisches Lesebuch" gut zusammen:

Die Arbeiter, seit der Entstehung des Ruhrgebiets die bestimmende Schicht, hätten kein Interesse an einem regionalen Zusammenwachsen der Ruhrgebietsstädte gehabt und auch kaum ein regionales Bewusstsein entwickelt. Ein Blick auf die Lebensumstände der Menschen bis zum Beginn der großen Bergbau- und Stahlkrise Ende der 1950er und Anfang der 1960er Jahre erkläre das sehr gut: Das Leben der Arbeiter fand um den Betrieb statt, im Schatten der Zeche oder des Hüttenwerks. Viele wohnten in Siedlungen in unmittelbarer Nähe zu den Unternehmen, für die sie arbeiteten. Ihr Leben spielte sich in ihrem Wohnquartier, höchstens in ihrem Stadtteil ab. Neben dem Arbeitsplatz und der Wohnung gab es hier auch die Kneipe, in der man Freunde und Kollegen traf, und die Vereine, Gewerkschaftsgruppen und Parteiorganisationen, in denen man Mitglied war.

Schon in die Innenstadt kleinerer Städte fuhr man nur zu besonderen Anlässen. Der Besuch einer der Großstädte war eine Besonderheit, die Seltenheitswert hatte. Die miserable Verkehrssituation tat ihr Übriges: Ein leistungsfähiges Nahverkehrssystem für das Ruhrgebiet, vergleichbar mit der Berliner S-Bahn, gab es nie.

*

Als 1920 der Siedlungsverband Ruhrkohlenbezirk (SVR) geschaffen wurde, geschah dies aus reiner Not: Nach dem Versailler Vertrag sollten 150 000 Bergleute und 600 000 weitere Menschen im Ruhrgebiet als Arbeitskräfte angesiedelt werden, um die Reparationsforderungen der Sieger des Ersten Weltkriegs zu erfüllen.

Alle betroffenen Städte, die Reichsregierung und auch die preußische Landesversammlung stimmten damals für die Gründung eines Planungsverbandes, weil klar war, dass die zu erwartende Aufgabe nur gemeinsam bewältigt werden könnte. Die Idee zur Schaffung des SVR geht auf den Essener Beigeordneten Robert Schmidt zurück. Schon vor dem Ersten Weltkrieg hatte er versucht, Unterstützung für seine Pläne zu erhalten, und war auf allen politischen Ebenen gescheitert. In der Not wurden seine Pläne umgesetzt – es war allerdings eine Einigung auf niedrigstem Niveau.

Im selben Jahr, in dem der SVR entstand, beschloss die Preußische Landesversammlung das Groß-Berlin-Gesetz, das aus sechs kreisfreien Städten, den umliegenden Kreisen, der Stadtgemeinde Cöpenick, 59 Landgemeinden und 27 Gutsbezirken das neue Berlin machte. Berlin hatte damals 3,8 Millionen Einwohner, war kleiner als das Ruhrgebiet, aber nach London und Los Angeles immerhin die drittgrößte Stadt der Welt.

Der SVR war – im Gegensatz zu Berlin – keine politische Einheit, er war lediglich aus der Notwendigkeit einer regionalen Planung geboren und ging geografisch weit über das hinaus, was man heute als Ruhrgebiet versteht. Im „Gesetz, betreffend Verbandsordnung für den Siedlungsverband Ruhrkohlenbezirk" steht auch:

„Mitglieder des Verbandes sind die Stadtkreise Bochum, Buer, Dortmund, Duisburg, Essen, Gelsenkirchen, Hamborn, Hamm, Herne, Hörde, Mülheim, Oberhausen, Recklinghausen, Sterkrade und Witten, die Landkreise Bochum, Dinslaken, Dortmund, Essen, Geldern, Gelsenkirchen, Hamm, Hattingen, Hörde, Mörs und Recklinghausen."

Und weil es um Planung und nicht im näheren Sinne um den Aufbau einer Stadt ging, sah das Gesetz die Möglichkeit des Beitritts weiterer Städte vor:

„Die Stadtkreise Crefeld und Düsseldorf sowie die Landkreise Cleve, Crefeld, Düsseldorf, Kempen, Lüdinghausen, Rees sind berechtigt, binnen 3 Jahren nach dem Inkrafttreten des Gesetzes dem Verbande beizutreten.“

Die Begeisterung hielt sich in Grenzen. Andere Städte traten nicht bei. Was nicht ungewöhnlich ist. Städte haben kein Interesse an Regionen, sie haben ein Interesse daran, selbst möglichst stark zu sein. Was für jede Stadt gilt, traf damals besonders stark auf die Ruhrgebietsstädte zu: Sie waren innerhalb weniger Jahre gewachsen, hatten Dutzende kleinere Städte und Gemeinden geschluckt und standen zu Beginn der 1920er Jahre vor einer weiteren Übernahmewelle. Macht und Größe der Städte wuchsen stark an. Kaum ein Bürgermeister und ein Rat hatten ein Interesse daran, den gerade gewonnen Einfluss nun in weiten Teilen wieder abzugeben.

*

Niemand in Preußen oder im späteren Bundesland Nordrhein-Westfalen hatte jemals ein Interesse an einem starken Ruhrgebiet. Eine große Reichshauptstadt wie Berlin war etwas, das Politiker haben wollten. Ein starkes Ruhrgebiet mit Millionen von Berg- und Stahlarbeitern, die in dem Ruf standen, radikal zu sein, sicher nicht. Das Land Nordrhein-Westfalen wurde von den Briten nach dem Zweiten Weltkrieg um das Ruhrgebiet herum gegründet. Es sollte den möglichen Unruheherd einhegen.

Heutige Stadtteile, die Essen zwischen 1900 und 1929 eingemeindet hat:

Altendorf
Altenessen-Nord
Altenessen-Süd
Bedingrade
Bergeborbeck
Bergerhausen
Bochold
Borbeck-Mitte
Bredeney
Byfang
Dellwig
Freisenbruch
Fischlaken
Frillendorf
Frintrop
Frohnhausen
Fulerum
Gerschede
Haarzopf
Heidhausen
Heisingen
Holsterhausen
Horst
Huttrop
Karnap
Katernberg
Kray
Kupferdreh
Leithe
Margarethenhöhe
Rellinghausen
Rüttenscheid
Schönebeck
Schonnebeck
Schuir
Stadtwald
Steele
Stoppenberg
Überruhr-Hinsel
Überruhr-Holthausen
Vogelheim
Werden

Die lose Klammer

Robert Schmidt, der erster Verbandsdirektor des Siedlungsverbandes Ruhrkohlenbezirk (SVR) dachte das Ruhrgebiet als Ganzes und wollte die Lebensqualität der Menschen verbessern. Und das tat er, indem er es begrünte, damals eine effektive Maßnahme gegen die Luftverschmutzung. Und wenn auswärtige Besucher heute darüber staunen, wie grün die Region ist, staunen sie über eine Leistung von Schmidt und seinem Team. Eine S-Bahn für das Ruhrgebiet wurde damals ebenso angedacht wie die Revierparks, die erst Jahrzehnte später kommen sollten.

Die Nazis wollten den SVR abschaffen, konnten sich damit aber nicht durchsetzen. Mit Albert Lange und Justus Dillgardt saßen in ihrer Zeit allerdings zwei Nazi-Verbrecher der übelsten Sorte an der Spitze des Verbandes.

*

Nach dem Ende von Krieg und von Nazidiktatur trugen die Planungen des SVR zum Wiederaufbau bei. Und den ging man mit Elan an: Im Vertrauen auf eine sichere Zukunft des Bergbaus sollte bei Wulfen eine ganze neue Stadt entstehen. Die Metastadt war eine kühne Vision einer Hochhaussiedlung mit Komfort im Grünen für die Bergleute der Zukunft – und scheiterte grandios. Ende der 1950er Jahre kam die Bergbaukrise. Zechen schlossen, Stellen wurde abgebaut, und die Pläne der Architekten erwiesen sich in der Praxis als fatal: Die Häuser mit den verschiebbaren Wänden waren vom ersten Tag an kaputte Wohnmaschinen. Aus der Mustersiedlung wurde ein sozialer Brennpunkt. Mit den Revierparks allerdings prägte der SVR das Bild des Reviers und schuf große Freizeitanlagen mit viel Grün und Schwimmbädern – Oasen für Menschen mit wenig Geld, die für fast alle in der Region schnell zu erreichen waren.

In den 1970er Jahren schränkte die SPD-geführte Landesregierung in enger Zusammenarbeit mit den ebenfalls sozialdemokratischen Oberbürgermeistern, Bürgermeistern und Landräten die Möglichkeiten des SVR immer weiter ein. Der damalige Ministerpräsident von Nordrhein-Westfalen, Johannes Rau (SPD), war ein Gegner eines einigen Ruhrgebiets. 1979 verlor der SVR nach fast 60 Jahren mit seinem Namen auch die Planungshoheit. Bis 2009 waren die Bezirksregierungen in Münster, Arnsberg und Düsseldorf für die Planung im Revier zuständig.

Der Nachfolger des SVR, der Kommunalverband Ruhr (KVR), kümmerte sich mehr und oft auch eher weniger erfolgreich um die gemeinsame Müllentsorgung, machte mit bundesweiten Kampagnen wie „Das Ruhrgebiet: Ein starkes Stück Deutschland“ Schlagzeilen und traute sich auch mit Ideen, wie die Olympiade oder die Loveparade ins Ruhrgebiet zu holen, an die Öffentlichkeit.

Der Kommunalverband Ruhr hatte zum Teil den Charakter einer Ideenschmiede: Experten kritisierten die Qualität und Struktur des Nahverkehrs. Alte Schienentrassen wurden gekauft. Heute sind sie das Rückgrat eines Radverkehrsnetzes. Ursprünglich sollten sie aber zum Teil auch freigehalten werden, um neue Trassen für ein Bahnnetz im Revier zu ermöglichen.

Der KVR bewarb die Industriekultur, er leistete Pionierarbeit im Tourismus und war mit dabei, als es darum ging, die Ruhrtriennale als großes Kultur-PR-Fest zu finanzieren. Er war die treibende Kraft bei der Bewerbung zur Kulturhauptstadt – und er war Wolfgang Clement (damals SPD) ein Dorn im Auge. Wie Rau war Clement kein Freund eines starken Ruhrgebiets. Kaum hatte er 1998 die Nachfolge Raus als Ministerpräsident angetreten, macht er sich daran, den KVR zu zerschlagen.

Clement wollte die tatsächlich viel zu komplizierten Strukturen im Land neu ordnen:

Die Aufgaben der beiden Landschaftsverbände Westfalen-Lippe und Rheinland, die den alten preußischen Provinzen entsprachen, sollten auf die fünf Regierungsbezirke Arnsberg, Münster, Bielefeld, Köln und Düsseldorf übergehen. Den Kommunalverband Ruhr wollte Clement durch die ProjektRuhr ersetzen, die er 1999 tatsächlich gründete – ohne genau zu wissen, was sie eigentlich machen sollte. Hanns-Ludwig Brauser wurde ihr Chef – ein erfahrener Sozialdemokrat alter Schule, der gut damit klarkam, dass ihn erst einmal niemand im Ruhrgebiet haben wollte. Den am Anfang fehlenden Respekt erarbeitete er sich allerdings schnell. 2010 starb Brauser überraschend und hinterließ eine Lücke, die bis heute nicht gefüllt werden konnte. Da war die ProjektRuhr allerdings schon Geschichte und hatte sich zur Wirtschaftsförderung des Ruhrgebiets gewandelt.

Anfangs trug die SPD im Ruhrgebiet die Pläne Clements zur Auflösung des KVR mit. Von einer engen Zusammenarbeit hielten die Genossen ohnehin nie allzu viel. Den meisten war sogar die Idee des Ruhrgebiets suspekt.

Allerdings gab es damals mit Gerd Willamowski (SPD) und seinem Pressesprecher Frank Levermann ein wahrhaft dynamisches Duo an der Spitze des KVR. Den beiden gelang es, immer mehr Journalisten, darunter den Autor, von der Idee eines starken Ruhrgebiets zu überzeugen. Und den Städten rechneten sie vor, dass der KVR billiger für sie wäre als Clements Superbezirke.

Das Ende des KVR konnte in letzter Minute verhindert werden, und das, obwohl das Ruhrparlament seine Auflösung bereits beschlossen hatte. Beim Geld hörte bei den Oberbürgermeistern und Landräten auch die Parteifreundschaft auf. Die nun einmal gegründete ProjektRuhr sollte die Projekte der gerade beendeten Internationalen Bauausstellung Emscher-Park weiterentwickeln und eine Art Innovationsschmiede für das Ruhrgebiet sein.

Heraus kam dabei kaum etwas:

Es wurde viel Geld für leuchtende und rollende Eier des österreichischen Künstlers André Heller ausgegeben, die in irgendwelchen Lagerhallen verschwanden. Treu begleitete die ProjektRuhr die vielen Einfälle von Ministerpräsident Clement wie den, aus der Magnetschwebebahn Transrapid, eigentlich als Alternative zum Flugzeug auf mittlere Distanzen gedacht, eine Art Bimmelbahn mit dem Namen Metrorapid zu machen.

Die ProjektRuhr wurde in dieser Zeit allerdings auch als Zwischenlager für Sozialdemokraten genutzt. So war der heutige Europaparlamentarier Jens Geier eine Zeit lang für die Pressearbeit zuständig. Eine Tätigkeit, für die er wenig Talent besaß.

Und der gerettete KVR? Zumindest solange das dynamische Duo Willamowski und Levermann Bestand hatte, nahm er weder auf Lokal- noch auf Landespolitiker viel Rücksicht. In Gutachten wurde die schlechte Qualität des Nahverkehrs kritisiert, es wurde die in den 1970er Jahren verlorene Planungshoheit zurückverlangt und die Dreiteilung des Ruhrgebiets angeprangert. Gleichzeitig verfolgte man den Ausbau der Route der Industriekultur und trieb die Bewerbung zur Europäischen Kulturhauptstadt voran.

Die SPD hatte in dieser Zeit im KVR die Mehrheit verloren. Nach der Kommunalwahl 1999 war die CDU zur stärksten Partei des Ruhrgebiets geworden, und die stand, – vor allem dank ihres Vorsitzenden Norbert Lammert – Willamowski inhaltlich näher als seine eigenen Genossen – auch wenn die sich nun ebenfalls langsam mit der Ruhrgebietsidee anfreundeten. Denn die hatte an Popularität zugenommen. Es gab Ruhrpott-Rufe im Westfalen- und im Parkstadion und mit Uwe Knüpfer einen Chefredakteur der WAZ, der sich für ein starkes Ruhrgebiet einsetzte.

Den KVR abzuschaffen und das Ruhrgebiet zu begraben, das war Anfang des Jahrhunderts keine Idee, mit der Politiker einen Blumentopf gewinnen konnten.

In Hagen, Dortmund und im Kreis Wesel haderten sie trotzdem damit, weiter zusammenarbeiten zu müssen. Immer wieder kamen Überlegungen auf, den KVR zu verlassen. Was theoretisch möglich, praktisch aber schwierig war, denn die nötigen Zweidrittelmehrheiten, die für einen solchen Beschluss notwendig gewesen wären, waren nirgendwo in Sicht.

Dortmunds damaligen Oberbürgermeister Gerhard Langemeyer (SPD) störte allerdings schon das Wort Ruhrgebiet. In einer langen Sitzung mit den anderen Oberbürgermeistern setzte er 2001 stattdessen ein Wortungetüm durch, das sich nie durchsetzen konnte, welches das Ruhrgebiet lächerlich machte und nur in der offiziellen Kommunikation verwendet wird: Metropole Ruhr.

Aus vielen Gründen ist Metropole Ruhr ein dummer Begriff, der das tat, was wohl Langemeyers Absicht war: dem Ruhrgebiet schaden.

*

Das Ruhrgebiet ist einer der größten Ballungsräume Europas, aber eine Metropole ist es nicht: Es gibt im Ruhrgebiet kaum Behörden von überörtlicher Bedeutung, keine Börse, keinen wichtigen internationalen Flughafen. Wirtschaftlich ist das Ruhrgebiet für sein Umland ebenfalls kein sonderlich wichtiges Zentrum. Bei 1 708 696 sozialversicherungspflichtigen Beschäftigten (Stand 2017) schafft es die gesamte Region gerade einmal auf einen Überschuss von 64 623 Beschäftigten bei den Ein- und Auspendlern.

Zu Recht denken wir bei Metropole an New York, Tokio, London, Paris, Berlin – und nicht an Marl, Bochum oder Witten. Metropolen sind Orte der Innovation, hier werden Trends gesetzt, Menschen aus der ganzen Welt strömen mit all ihren Talenten in Metropolen und machen sie zu aufregenden Orten. All das trifft auf das Ruhrgebiet nicht oder nur in einem sehr überschaubaren Maße zu.

Auf einer Fläche von 4435 Quadratkilometern verteilen sich über fünfzig Städte. Ein richtiges Zentrum gibt es nicht, dafür eine eher zentrale Region, die sich von Dortmund über Bochum bis Essen erstreckt. Andere Städte dagegen sind lediglich noch ein Zentrum für einen Teil ihrer unmittelbaren Nachbarn.

Politisch ist das Ruhrgebiet ein Zwerg. Keiner seiner Vertreter ist bundesweit bekannt. Und den Oberbürgermeister von Dortmund, den kennt schon in Bochum kaum jemand mit Namen, der von Essen ist den Gelsenkirchenern oder Bottropern egal, und den Namen der Verbandsdirektorin des RVR, immerhin so etwas wie die Repräsentantin von knapp über fünf Millionen Menschen, dürften weit über 90 Prozent der Einwohner des Ruhrgebiets noch nie gehört haben – außerhalb der Grenzen des Reviers nähert sich dieser Wert den 100 Prozent an. Er lautet übrigens Karola Geiß-Netthöfel (SPD). Die Frau hat, im Gegensatz zu Fred Toplak (parteilos), dem Bürgermeister von Herten, nicht einmal einen Wikipedia-Eintrag.

Um die simple Tatsache, nicht das zu sein, was man vorgibt zu sein, redet der Regionalverband Ruhr (RVR), wie der KVR seit 2004 heißt, davon, das Ruhrgebiet sei eine „Metropole der besonderen Art". – Nach dieser Logik ist auch ein Posaunentrio ein Symphonieorchester der besonderen Art.

Eigentlich sollte der kommunikative Schandfleck „Metropole Ruhr" 2017 mit dem Beginn der „Stadt der Städte"-Kampagne verschwinden, doch man behielt ihn bei. Wahrscheinlich glaubt man im Essener „Haus des Ruhrgebiets", dem Sitz des RVR und all seiner Vorgänger, mittlerweile selbst daran, irgendeine Art von Metropole zu sein. Oder man hat es einfach vergessen, weil es allen egal war.

Als weiteren Beleg, dass niemand der Verantwortlichen jemals den Begriff der Metropole Ruhr inhaltlich ernst nahm, darf Heinz-Dieter Klink (SPD) gelten. Er wurde 2005 zum Regionaldirektor gewählt. Klink war ein Mann ohne Eigenschaften, Ideen oder Antrieb. Ein blasser Verwaltungsmann aus Dorsten, den nichts beeindruckte und der niemand beeindruckte. Er verwaltete das Amt bis 2011, ohne dass der RVR in dieser Zeit auch nur *eine* Idee entwickelte. Bei den Mitarbeitern des RVR hatte Klink indes einen guten Ruf. Galt Willamowski als arrogant und fordernd, war Klink eher der freundlich grüßende Personalrat, der jeden in Ruhe ließ. Sein wichtigstes Ziel erreichte er ohne jedes Problem: nirgendwo anzuecken. Sowohl mit der Kommunalpolitik als auch mit der Landesregierung hatte er während seiner gesamten Amtszeit keinen ernsthaften Konflikt.

Klink erfüllte noch einen weiteren Wunsch seiner Parteifreunde: Langsam, aber sicher geriet das Thema Ruhrgebiet, das um die Jahrhundertwende stark diskutiert worden war, in Vergessenheit.

Karola Geiß-Netthöfel, die 2011 zu Klinks Nachfolgerin gewählt wurde, war die zweite Wahl. Eigentlich sollte der E.ON-Manager Christoph Dänzer-Vanotti RVR-Chef werden, aber er verzichtete aus gesundheitlichen Gründen auf die Wahl. Die WAZ beschrieb damals das Dilemma:

„Die Ruhr-SPD gründete extra eine ‚Findungskommission'. Im kleinen Kreis ließen sie die Köpfe rauchen und Namen kursieren. Junge Hoffnungsträger sollen genannt worden sein. Wie Hertens Bürgermeister Uli Paetzel. Am Ende steht der Name Karola Geiß-Netthöfel, Regierungsvizepräsidentin in Arnsberg. Eine Frau, die über große Verwaltungs-Erfahrung verfügt, die aber in Essen, Bochum oder Mülheim kein Mensch auf der Straße erkennt."

Bevor sie zum Regionalverband Ruhr kam, war die Lünerin Karola Geiß-Netthöfel beim Regierungsbezirk Arnsberg beschäftigt. Im Gegensatz zu Klink begriff sie ihr Amt anfangs allerdings als Chance. Geiß-Netthöfel wollte nicht verwalten, sie wollte gestalten. Zu ruhrgebietsweiten Themen bezog sie Stellung, sie führte eine Kulturkonferenz ein und griff so Debatten zur Kultur im Ruhrgebiet wieder auf, die der RVR in der Zeit vor Klink begonnen hatte. Auf einer Ruhrgebietskonferenz 2012 in Lünen, deren Stargast

Die Mitglieder des RVR:
Bochum
Bottrop
Dortmund
Duisburg
Essen
Gelsenkirchen
Hagen
Hamm
Herne
Mülheim an der Ruhr
Oberhausen

Ennepe-Ruhr-Kreis – mit den Städten Breckerfeld, Ennepetal, Gevelsberg, Hattingen, Herdecke, Schwelm, Sprockhövel, Wetter (Ruhr) und Witten

Kreis Recklinghausen mit den Städten Castrop-Rauxel, Datteln, Dorsten, Gladbeck, Haltern am See, Herten, Marl, Oer-Erkenschwick, Recklinghausen und Waltrop

Kreis Unna mit den Gemeinden/Städten Bergkamen, Bönen, Fröndenberg, Holzwickede, Kamen, Lünen, Schwerte, Selm, Unna und Werne

Kreis Wesel mit den Gemeinden/Städten Alpen, Dinslaken, Hamminkeln, Hünxe, Kamp-Lintfort, Moers, Neukirchen-Vluyn, Rheinberg, Schermbeck, Sonsbeck, Voerde (Niederrhein), Wesel und Xanten der damalige Präsident des EU-Parlaments Martin Schulz (SPD) war, versuchte sie für das Thema Ruhrgebiet eine große Bühne zu schaffen. Sie scheiterte an den Oberbürgermeistern, welche die Konferenz fast alle boykottierten. Vom Unnaer Landrat Michael Makiolla mussten sich die Gäste dann anhören, dass das Ruhrgebiet ja nicht allzu wichtig sei – die Städte und Kreise seien es.

Geiß-Netthöfel war, obwohl ambitionierter als Klink, am Ende genauso konfliktscheu wie ihr Vorgänger und konzentrierte sich fortan auf Sacharbeit. Unter ihr konnte der Planungsdezernent des Regionalverbandes, Martin Tönnes (Grüne), seine Ideen umsetzen: Er ging an die Planung einer Radautobahn, die noch lange nicht fertig ist, und erarbeitete den ersten gemeinsamen Regionalplan des Ruhrgebiets.

Als der Regionalplan dann 2018 den Bürgern, Verbänden, Städten und Kreisen vorgelegt wurde, war es mit der Harmonie schnell vorbei. Tönnes setzte in seinem Plan grüne Ideologie pur um. Was eine der ganz großen Chancen des Ruhrgebiets hätte werden können, gestaltete er zu einem bleiernen Hemmschuh für die Region: Wo sich Unternehmen ansiedeln, Wohnungen gebaut werden oder Platz für die Natur bleibt, legen Regionalpläne fest. Sie bestimmen, wie Nordrhein-Westfalen in den kommenden Jahrzehnten aussehen wird – und bieten vor allem im Ruhrgebiet Anlass zum Streit.

*

Rote Backsteinmauern, ein goldener Anker vor der Eingangspforte: Die Niederrheinische Industrie- und Handelskammer residiert gegenüber dem Duisburger Hauptbahnhof in einem imposanten Gebäude. Sie vertritt die Interessen der Unternehmen in Duisburg und in den Kreisen

Wesel und Kleve und sorgt sich um deren Zukunft. Grund dafür ist der vom RVR im Sommer 2018 aufgestellte Regionalplan für das Ruhrgebiet, der seitdem in den Städten und Kreisen des Reviers diskutiert wird. 2000 Hektar stehen nach Willen der RVR-Verwaltung ruhrgebietsweit in den kommenden Jahren zur Verfügung. Nach Ansicht der IHK-Duisburg und der anderen Kammern des Ruhrgebiets zu wenig:

„Für die wirtschaftliche Entwicklung der Metropole Ruhr ist das Angebot an Wirtschaftsflächen ein entscheidender Faktor. Gewerbe- und Industriegebiete sind Jobmotoren für die Region und damit Baustein für die Sicherung der Daseinsvorsorge." Nach Auffassung der Ruhr-IHKs und der Handwerkskammern berücksichtigt der künftige Regionalplan dies nicht in ausreichendem Maße.

Nicht nur die Kammern laufen Sturm gegen die Pläne des RVR, auch aus der Politik erhält der Verband Gegenwind: Anfang Februar 2019 rief der CDU-Landtagsabgeordnete und Vorsitzende des Ruhrparlaments, Josef Hovenjürgen, über die sozialen Medien die Städte dazu auf, durch Stellungnahmen den Regionalplan in seiner jetzigen Form aufzuhalten: „Der jetzt vorliegende Entwurf des Regionalplans geht bei der Ausweisung von Wohn- und Gewerbe- und Industrieflächen nicht weit genug und lässt viel zu wenig Entwicklung für die Zukunft zu." Hovenjürgen befürchtet für die Zukunft einen Mangel an Wohnungen, zu wenige Arbeitsplätze vor Ort und eine Verschlechterung der Lebensverhältnisse.

Überall im Land gibt oder gab es Diskussionen um die Regionalpläne. Lediglich im Regierungsbezirk Düsseldorf wurde im vergangenen Jahr der Regionalplan beschlossen. Nirgendwo sind allerdings die Fronten so verhärtet wie im Ruhrgebiet. Der RVR ging bei seinen Planungen vom

Flächenverbrauch der Städte aus dem Jahr 2008 aus. Auf dem Höhepunkt der Wirtschaftskrise hatten die Kommunen nur einen geringen Bedarf. Nun, da die Konjunktur brummt, fürchten sie um ihre Wachstumschancen.

Ungehalten sind auch die Bauern im Ruhrgebiet: Viele ihrer Felder sollen künftig unter Landschaftsschutz gestellt werden. Weizen und Roggen dürfen sie dann immer noch anbauen, aber die Chance, die Felder gewinnbringend als Wohn- oder Gewerbeflächen zu verkaufen, wäre dahin. Die Folge: Die Grundstücke verlieren an Wert.

Wobei das Ruhrgebiet seit 2014 von einer ganz, ganz großen Koalition regiert wird: Im Ruhrparlament arbeiten seitdem SPD, CDU und Grüne weitgehend harmonisch zusammen; große Auseinandersetzungen gab es nicht. Die Stimmung in der Koalition ist gut, und selbst kleine Oppositionsparteien wie die FDP fühlen sich meist eingebunden. Den Planungsdezernenten Martin Tönnes (Grüne) wählte man ebenso gemeinsam wie die Verbandsdirektorin Karola Geiß-Netthöfel (SPD) und den Wirtschaftsdezernenten Markus Schlüter (CDU).

Auch den Regionalplan brachte die ganz, ganz große Koalition gemeinsam im Juli 2018 auf den Weg. Formal ist er nur ein Vorschlag. Über 4000 Einwände und Stellungnahmen haben Bürger und Städte bis Anfang 2019 abgegeben, die nun alle diskutiert, bewertet und dann eingearbeitet oder verworfen werden. Erst danach wird das Ruhrparlament endgültig entscheiden. Ein RVR-Mitarbeiter sagte der „Welt am Sonntag“:

„Bis der Regionalplan beschlossen wird, werden noch Jahre vergehen. Das Ruhrgebiet hat wieder einmal eine Chance verspielt, sich für die Zukunft zu rüsten.“

Der erste erstellte Regionalplan seit den 1970er Jahren ist damit schlechter für das Ruhrgebiet als die im Laufe der

Jahrzehnte erstellten Regionalpläne der Regierungsbezirke Arnsberg, Düsseldorf und Münster. Das Ruhrgebiet hat seine Selbstbestimmung nicht genutzt, um Impulse für mehr Wachstum zu setzen und seine Möglichkeiten zu erweitern. Im Gegenteil: Es schränkte sich ein, verzichtet darauf, sich aus der Misere, in der die Region steckt, selbst zu befreien, und betoniert damit aus ideologischen Gründen auf unabsehbare Zeit seine Abhängigkeit, denn ein wirtschaftliches schwaches Ruhrgebiet ist ein Ruhrgebiet, das auf Förderung von Bund, Land und Europäischer Union angewiesen ist. Es kann weniger eigene Akzente setzen, muss in erster Linie Programme umsetzen, die anderswo beschlossen wurden.

*

Seit der Kommunalwahl 2014 bilden CDU, SPD und Grüne im Ruhrparlament eine ganz, ganz große Koalition. Das entsprach nicht dem Wählerwillen, nach dem eine rot-grüne Koalition eine sichere Mehrheit gehabt hätte, sondern war das Ergebnis einer abstrusen Regelung:

Weil die rechte Splitterpartei UBP im Kreistag Recklinghausen genug Stimmen bekam, um einen Sitz im Ruhrparlament zu erhalten– die Partei verzichtete später auf ihr Mandat –, musste es vergrößert werden. Nun reichten 10 490 statt gut 17 000 Stimmen für einen Platz im Parlament. Um die Verhältnisse zu wahren, erhielten die anderen Parteien Ausgleichsmandate. Ein 163-Sitze-Parlament statt eines 71-Sitze-Parlaments bedeutete beispielsweise bei der SPD 67 statt bisher 29 Sitze, bei der Union 51 statt 24, bei den die Grünen 17 statt 8 und bei der FDP 6 statt 3. Die SPD war nicht in der Lage, genug Abgeordnete zu stellen – die Liste war nicht lang genug. Für eine rot-grüne Koalition gab es daher nicht mehr genug Stimmen. SPD und Grüne holten die Union an Bord, die sicherheitshalber eine sehr lange Liste aufgestellt hatte.

Die Union, nun in der Rolle der Mehrheitsbeschafferin, war nicht in der Lage, ihre Bedeutung in politische Macht umzumünzen. Gerade einmal zwei Punkte setzte sie um:

Es gab eine neue, eher zweifelhafte Werbekampagne für das Ruhrgebiet, und mit Markus Schlüter (CDU) stellt die Union den Kämmerer, der auch Beigeordneter für Wirtschaft ist. Letzterer hat allerdings eine eher symbolische Aufgabe: Seinen Wirtschaftsbereich hat der RVR in eine Wirtschaftsförderungsgesellschaft mit dem beeindruckend klingenden Namen „Business Metropole Ruhr GmbH" ausgegliedert, und um die kümmert sich Regionaldirektorin Karola Geiß-Netthöfel persönlich. Größeren Einfluss auf das wichtigste Projekt des RVR, den Regionalplan, gewann die Union nicht.

Die Grünen setzten gegenüber der SPD und der Union einen Kurs durch, der das Ruhrgebiet auf Jahrzehnte prägen wird – und dem Revier die Entwicklungsmöglichkeiten nimmt. Mehr kann politisch kaum scheitern. Und das betrifft die Union und den Regionalverband.

Das Ruhrgebiet braucht kaum etwas so dringend wie ein starkes Wirtschaftswachstum. Aber die meisten Politiker haben sich daran gewöhnt, nicht nach Investoren, sondern nach Fördermitteln zu suchen. Das Ruhrgebiet ist das Musterbeispiel für eine „Rent-Seeking-Society", eine von der amerikanischen Wirtschaftswissenschaftlerin Anne Krueger in den 1970er Jahren beschriebene Gesellschaft, in der jeder nach einer „Rente", nach einem leistungslosen Einkommen sucht.

Werbung

Als das Ruhrgebiet als eine der ersten Regionen Deutschlands für sich zu werben begann, tat es das mit Mut und Selbstironie: Die erste Kampagne startete zu Beginn der 1970er Jahre mit dem Slogan „Willkommen in RußLand“. Die Zeichnungen zu den Anzeigenmotiven kamen von dem damals bekannten Karikaturisten Gerd Hüsch und spielten mit dem Image des Ruhrgebiets als schmutziger und wenig lebenswerter Industrieregion. Der Spiegel schrieb 1977 in einem Artikel über das mangelnde Selbstbewusstsein des Ruhrgebiets:

„[…] der Ruhr-Siedlungsverband wirbt in Broschüren schon mit dem ‚Abenteuer Ruhrgebiet‘, bei dem es Stahlschmieden und Kohlengruben gleichsam als Antiquitäten zu besehen gibt. Und der Karikaturist Gerd Hüsch zeichnete zu dem Faltblatt (‚Treffen Sie Ihre Vorurteile‘) die Revierbewohner als tumbe Tölpel, die ‚alle Jupp heißen und von bayrischen Kühen träumen' – Selbstironie, die von neuem Selbstverständnis kündet."

Doch mit Ironie hatten es damals weder die Verantwortlichen noch die Mehrzahl der Bewohner des Ruhrgebiets. Zu sehr hatte der schon weit über ein Jahrzehnt andauernde wirtschaftliche Abstieg des Reviers an den Nerven der Menschen gezehrt. Dass die Region nicht besonders schön war, wussten sie selbst. Nun war sie auch noch dabei zu verarmen.

Und die Vorurteile waren damals keine Vorurteile. Das Ruhrgebiet war zu Beginn der 1970er Jahre noch immer stark von Kohle und Stahl geprägt. Viele Wohnungen wurden nach wie vor mit Kohle geheizt. Der Rauch ging ungefiltert durch die Schornsteine der Häuser nach draußen. Weiße Wäsche wurde wirklich schmutzig, wenn sie im Garten aufgehängt wurde. Nebel wurde umgangssprachlich als Smog bezeichnet, und Kinder wurden angehalten, auf dem Weg zur Schule bei solchem Wetter das Taschentuch vor den Mund zu halten.

Das Ruhrgebiet hat erst in den 1970er Jahren begonnen, sich zu wandeln. Die Revierparks entstanden, neue, mittlerweile längst wieder geschlossene Betriebe wie Opel oder die Siemens-Telefonwerke in Witten und Gladbeck waren noch bestaunte Neuzugänge in der regionalen Wirtschaft.

Die Idee, Besucher von außerhalb anzulocken und neugierig auf das Ruhrgebiet zu machen, war zwar neu und mutig, aber noch wenig realistisch. Schmutzige Industrieanlagen gab es fast überall in Deutschland, nur nicht in einer so großen Menge auf so engem Raum wie im Ruhrgebiet. Was also sollte einen Frankfurter, der die Chemischen Werke Höchst in der Nachbarschaft hatte, oder einen Hamburger, der in der Nähe einer Großwerft lebte, dazu bewegen, ins Ruhrgebiet zu fahren? – Wenig.

Trotzdem unternahm der Kommunalverband Ruhrgebiet im Jahr 1985 einen zweiten Anlauf. Die von der Düsseldorfer Agentur Butter betreute und bis heute bekannte Kampagne „Das Ruhrgebiet: Ein starkes Stück Deutschland“ startete. Sie sorgte für bundesweite Aufmerksamkeit. Zum einen, weil kaum jemand dem Ruhrgebiet einen so offensiven Auftritt zugetraut hatte, der tatsächlich Werbegeschichte schrieb. Zum anderen, weil der Startzeitpunkt der Kampagne denkbar ungünstig war: Als der KVR seine Werbeoffensive begann, bestimmte ein fast flächendeckender Smogalarm im Ruhrgebiet mit Fahrverboten die Nachrichten.

Die Verantwortlichen ließen sich aber vom holprigen Start nicht entmutigen und machten weiter. Im Zentrum der Kampagne stand nicht mehr die durchaus erfrischende RußLand-Ironie, sondern standen MeToo-Motive. Das Ruhrgebiet wollte zeigen, dass es all das auch hatte, was in anderen Teilen Deutschlands selbstverständlich war. Motive mit glücklichen Kühen auf den Wiesen des Ruhrtals, von der Bandstraße des Bochumer Opel-Werks oder den Universitäten sollten die Normalität des Reviers zeigen und die Erfolge des Strukturwandels belegen. Man wollte weg von dem zu diesem Zeitpunkt schon lange vorhandenen Image der Krisenregion und zeigen, dass man „Ein starkes Stück Deutschland“ ist.

Ob dies gelang, darüber gehen die Meinungen auseinander. Beim Kommunalverband Ruhrgebiet schwärmten altgediente Mitarbeiter lange über die große Resonanz auf einzelne Motive der Anzeigenkampagne. Hunderte Postkarten mit der Bitte um weitere Motive hätten damals immer wieder das „Haus des Ruhrgebiets“ erreicht.

„Die Zeit“ kam 1993 kurz vor Ende der Kampagne zu einem nüchterneren Schluss:

„Die jüngste ‚Imageanalyse' vor eineinhalb Jahren ergab, daß sich bei den ‚größten Minuspunkten', wie es der KVR gedrechselt formuliert, ‚ein Trend früherer Jahre' fortgesetzt hat: ‚Belastungen durch den Verkehr und die Wohnverhältnisse rutschten auf der Bewertungsskala deutlich weiter ab.' Auch ‚für den Bereich gesundheitliche Aspekte des Lebens im Ruhrgebiet ergibt sich nach der ausnehmend schlechten Bewertung 1985 eine relative Konstanz auf niedrigerem Niveau'. Mit anderen Worten: Das Image hat sich keinen Deut gebessert. Wie hoch der Anteil der Bundesbürger ist, die ‚auf keinen Fall' im Revier leben möchten, mag der KVR offenbar gar nicht mehr so genau wissen. Gefragt wird jetzt nur noch nach der ‚allgemeinen Bereitschaft, in einem Ballungsraum zu leben' (‚sehr gern': 4 Prozent; ‚auf keinen Fall': 54 Prozent)."

Begleitet wurde die Kampagne schon damals von der Kritik der Politiker einzelner Städte wie Dortmund oder Duisburg, die sich unter der Dachmarke Ruhrgebiet nicht mehr wohlfühlten.

*

Nach dem „starken Stück" gab es verschiedene Versuche, neue ruhrgebietsweite Kampagnen zu starten, aber sie alle scheiterten. Erst im Jahr 1999 mit dem Ende der Internationalen Bauausstellung Emscher-Park versuchte man es erneut. Der Hamburger Agentur Springer & Jacoby gelang es, durch den Slogan „Der Pott kocht" und Motive mit kopulierenden Karnickeln und feiernden DJs weit über das Ruhrgebiet hinaus für Aufmerksamkeit zu sorgen.

Von vielen wurde die Kampagne verlacht, im Ruhrgebiet wurde sie sogar massiv kritisiert, wie „Der Spiegel" damals schrieb:

„Eine Negativwerbung, finden die Kritiker. ‚Sie erinnert auf den ersten Blick an das von der Realität längst überholte Bild vom schmutzigen, rückständigen Kohlenpott', sagt Oberhausens [Oberbürgermeister] Drescher. Eben dieses Image wollen die Ruhrpöttler seit Jahrzehnten loswerden – mit Millionenaufwand. Die neue Kampagne (Kosten 1998: 3,8 Millionen Mark, später jährlich 5 Millionen) soll den Klassiker ‚Das Ruhrgebiet: Ein starkes Stück Deutschland' ersetzen. Der lief zehn Jahre lang und kostete rund 35 Millionen Mark."

Kritisiert wurde damals auch, dass nach Butter aus Düsseldorf mit Springer & Jacoby eine Hamburger Agentur den Millionenetat erhielt und Werber aus dem Ruhrgebiet leer ausgingen. Dafür, erklärte seinerzeit ein Verantwortlicher aus dem RVR, gebe es mehrere gute Gründe:

„Die Agenturen im Ruhrgebiet sind bestenfalls mittelständisch. Natürlich können sie eine gute Kampagne entwickeln, sie können aber nicht sicherstellen, dass sie über die Jahre Texte und Grafiker mit hohem Niveau beschäftigen, denn die werden in der Branche schnell abgeworben." Große, namhafte Agenturen könnten das Niveau locker halten, „weil sie die immer Besten beschäftigen würden". Doch das war nicht das einzige Argument für Agenturen wie Springer & Jacoby:

„Wenn ich eine der großen Agenturen nehme und die Kampagne floppt, kann ich sagen: ‚Wir haben dieselbe Agentur wie Mercedes. Das konnte niemand ahnen.' Wenn ich eine Agentur aus Herne nehme und die Kampagne floppt, muss ich mir vorwerfen lassen, ich hätte auf Amateure gesetzt."

Für Hamburg sprach für den RVR-Angestellten außerdem noch ein weiterer Grund:

„Nehme ich eine Agentur aus Essen, kann ich mit der Straßenbahn zur Besprechung nach Rüttenscheid fahren.

Nehme ich eine aus Hamburg, reise ich am Vortag an, kann abends dort ins Theater gehen und verbringe die Nacht in einem schönen Hotel. Das ist einfach attraktiver."

*

Für lange Zeit sollte „Der Pott kocht" die letzte Kampagne des Ruhrgebiets sein. Denn gegen Ende des 20. Jahrhunderts setzte bei den Verantwortlichen ein Umdenken ein: Nicht mehr mit teuren bezahlten Anzeigen sollte das Image des Ruhrgebiets verbessert werden, sondern durch spektakuläre Ereignisse, die eine nationale und internationale Berichterstattung nach sich ziehen sollten.

Also brachte man sich immer wieder ins Gespräch: Als es erste Probleme mit der Akzeptanz der Loveparade in Berlin gab, signalisierte der damalige KVR-Chef Gerd Willamowski das Interesse des Ruhrgebiets als Alternativstandort der Technoparty – und erregte so erst einmal Aufmerksamkeit. Viele Jahre später sollte die Loveparade tatsächlich im Ruhrgebiet stattfinden und hier ihr tödliches Ende finden. Mit dem damaligen Vorschlag hatte das allerdings nichts mehr zu tun. Der war kaum mehr als eine erfolgreiche flotte PR-Maßnahme.

*

Das erste große Vorhaben, mit dem diese Strategie umgesetzt wurde, war die Europäische Kulturhauptstadt 2010. Schon dass sich das Ruhrgebiet überhaupt bewarb, erregte Aufmerksamkeit. Jeder Schritt auf dem Bewerbungsweg erzielte Aufmerksamkeit. Als das Ruhrgebiet 2006 dann offiziell zur kommenden Kulturhauptstadt ernannt wurde, begann eine Berichterstattung, die ihren Höhepunkt im Kulturhauptstadtjahr 2010 fand und der Region mehr Aufmerksamkeit bescherte, als jede Werbekampagne es je geschafft hatte. Diese war denn auch – bis zu den Toten der Loveparade – weitgehend positiv.

Doch ein Ereignis wie die Europäische Kulturhauptstadt ist nur schwer zu toppen. Olympische Spiele dürften zu den wenigen Ereignissen gehören, die einer Stadt über einen längeren Zeitraum eine noch größere Aufmerksamkeit beschert. Über die Olympiade hat man im Ruhrgebiet zwar immer mal wieder gesprochen, die Idee zu einer ernsthaften Bewerbung liegt jedoch schon lange zurück und wurde zu Beginn der 1990er Jahre wegen der – dann gescheiterten – Bewerbung Berlins fallengelassen. Realistische Chancen hatte man, allein wegen des Mangels an erstklassigen Hotels, ohnehin nicht.

Der RVR versuchte nach der Kulturhauptstadt mal mit, mal ohne Erfolg, neue Veranstaltungen anzuziehen. Essen wurde „Grüne Hauptstadt Europas“, was allerdings keinen Menschen interessierte. 2027 wird das Ruhrgebiet die Internationale Gartenbauausstellung ausrichten – in Berlin war sie im Jahr 2017 nur ein kleineres Ereignis im Stadtteil Marzahn.

*

Es war die CDU, die in dem 2014 mit den Grünen und der SPD abgeschlossenen Koalitionsvertrag auf eine internationale Ruhrgebietskampagne pochte und sie auch durchsetzte. 2017 wurde der Slogan der neuen Kampagne bekannt gegeben – und er war gut: „Stadt der Städte“. Das, was die Agenturen TAS aus Essen und Thjnk aus Hamburg damals vorstellten, konnte sich sehen lassen. Schade nur, dass der Slogan nicht neu war. Für eine Ruhrgebietskampagne der

WAZ hatte ihn die Düsseldorfer Agentur Schirner bereits 1996 verwendet.

Unter dem Slogan „Stadt der Städte“ präsentiert sich das Ruhrgebiet nun seit 2017 so, wie es gerne gesehen werden will: als moderne, junge und grüne Metropole auf Weltniveau. Vor allem in den sozialen Medien laufen die Spots, in denen sich junge Gründer vorstellen, sich aber auch Traditionsunternehmen wie der Energiekonzern RWE oder Hochtief als „Weltmeister des Wandels“ zeigen.

Mehrere der zum Ruhrgebiet zählenden Städte haben im Rahmen der Kampagne kleine Imagefilme veröffentlicht: Xanten ist als die Römerstadt mit kurzen Wegen zu sehen, die neben dem Tourismus auch auf Hightech setzt. Oberhausen wirbt damit, Heimat von 5000 Unternehmen zu sein und mit dem CentrO über Europas größtes Einkaufszentrum zu verfügen. In weiteren Filmen präsentiert sich der Flughafen Dortmund als das Tor zum Osten, die Zugverbindung zwischen Duisburg und China wird vorgestellt, und die Dortmunder Experten von Viality erklären die Bedeutung der Virtual-Reality-Technologie für die Zukunft der Industrie.

Dass Unternehmen, ob frisch gegründet oder mit einer langen Geschichte, im Zentrum der Kampagne stehen, ist kein Zufall. „Die Kampagne richtet sich in erster Linie an Wirtschaftsentscheider und qualifizierte Fachkräfte“, sagt der Regionalverband. Ihren Schwerpunkt habe die Kampagne zwar in den sozialen Medien, aber sie werde auch durch Anzeigenschaltungen „in relevanten Leitmedien der Zielgruppe“ ergänzt.

Im Ausland wird die Kampagne überwiegend auf Messen, Fachkongressen und Investorenreisen eingesetzt. 2018 war sie auf der Immobilienmesse in Cannes zu sehen, sie war gemeinsam mit Investoren in Israel, und über das Business &

Investors Forum China wurden chinesische Investoren angesprochen. Auch Erfolge gebe es schon zu vermelden. So habe die Ausrichtung der Kampagne auf Kompetenzen des Ruhrgebiets die Entscheidung des Max-Planck-Instituts für Cybersecurity and Privacy, sich in Bochum anzusiedeln, positiv beeinflusst. „Ältere Ruhrgebiets-Kampagnen", sagt ein Sprecher des RVR, hätten eine viel breitere Zielgruppe gehabt und sollten das Image der Region verbessern. Nun werde bewusst auf traditionelle industriekulturelle Motive wie Zechengebäude oder Fördertürme verzichtet.

Der Kommunikationsexperte Hasso Mansfeld sieht vor allem die Menschen im Ruhrgebiet als Zielgruppe der Kampagne. Dort könne sie erfolgreich sein, und das sei auch wichtig: „Jeder Ruhrgebietler, der von der ‚Stadt der Städte' überzeugt wird, ist ein glaubwürdiger Botschafter des Reviers." Marketing für Regionen zu entwickeln, sei eine komplizierte Aufgabe: „Da wollen meistens sehr viele unterschiedliche Akteure mitreden. Das ist für Agenturen immer eine Herausforderung."

Die Städte reagieren unterschiedlich auf die Kampagne. Während Bochum begeistert mitmacht, wird sie aus Dortmund offen kritisiert. Als die Kampagnenmacher während der Immobilienmesse Expo Real in München in der Innenstadt der bayerischen Hauptstadt mit dem Spruch warben „München ist ein Dorf mit den Preisen einer Metropole. Lernen Sie das Gegenteil kennen – die Metropole Ruhr", kam Kritik von Dortmunder Wirtschaftsförderern unter dem Facebook-Post: Der Spruch sei wohl ein Beispiel für den rheinischen Humor.

Als die Pendlerstudie im Jahr 2008 im Colosseum in Essen vorgestellt wurde, sagte der damalige Chef der Wirtschaftsförderung des Ruhrgebiets, Hanns-Ludwig Brauser, der Nahverkehr in der Region müsse dringend attraktiver werden. Er sei ein Wachstumshemmnis für den Standort Ruhrgebiet. Als Grund für die mangelnde Nutzung wurde auch das Kirchturmdenken der städtischen Nahverkehrsunternehmen ausgemacht. Es mangele an städteübergreifenden Verbindungen. Und Brauser sagte einen damals für einen Ruhrgebietsfunktionär bemerkenswerten Satz: „Wenn wir in zehn Jahren noch genauso viele Nahverkehrsunternehmen in der Region haben, haben wir was falsch gemacht."

*

Als der Regionalverband Ruhr im Jahr 2018 den Analysebericht „Regionales Mobilitätsentwicklungskonzept für die Metropole Ruhr" veröffentlichte, wurde deutlich: Die vergangenen zehn Jahre waren, was die Verkehrsentwicklung betrifft, verlorene Jahre. Die beiden wichtigsten begonnenen Projekte sind noch lange nicht beendet. Der RRX, eine moderne Regionalbahn, die Dortmund über die Hauptlinie via Bochum, Essen und Düsseldorf mit Köln verbindet, wird erst 2030 fertiggestellt sein. Und das verkehrspolitische Prunkstück des RVR und seines Planungsdezernenten Martin Tönnes, das Radschnellwegenetz, ist ebenfalls lange noch nicht fertig. Seine Sinnhaftigkeit wird in der Analyse sogar zwischen den Zeilen bezweifelt:

„Auffällig ist, dass das Fahrrad und der ÖV für die Mehrheit der Einwohnerinnen und Einwohner der Metropole Ruhr keine oder nur in Ausnahmefällen eine Mobilitätsoption darstellt. So nutzen 61 Prozent das Fahrrad seltener als monatlich bzw. überhaupt nicht; beim öffentlichen Verkehr (ÖV) sind es 60 Prozent."

Das Rad sei praktisch auf kurzen Strecken, bei Fahrten von Stadt zu Stadt spiele es kaum eine Rolle:

„Die Fahrrad-Erreichbarkeit von Oberzentren fällt wegen der niedrigeren Reisegeschwindigkeiten auf längeren Strecken deutlich schlechter als mit dem Pkw oder dem ÖPNV aus. Im Nahbereich ermöglicht das Fahrrad jedoch eine sehr gute Zugänglichkeit. Teilräume mit einer guten Fahrrad-Erreichbarkeit von unter 20 Minuten liegen konzentrisch um die zentralen Geschäftsbereiche und befinden sich zumeist innerhalb der Oberzentren."

Die Analyse belegt, was jeder weiß, der sich mit dem öffentlichen Nahverkehr durch das Ruhrgebiet bewegt: Trotz vieler Verspätungen ist die Hauptlinie, der Schienenstrang, der Dortmund mit Köln verbindet, gut ausgebaut. Der

Rest ist eine Katastrophe. Zahlreiche Städte sind überhaupt nicht ans Bahnnetz angebunden:

Bergkamen, Breckerfeld, Datteln, Herten, Hünxe, Kamp-Lintfort, Neukirchen-Vluyn, Oer-Erkenschwick, Schermbeck, Sonsbeck, Sprockhövel und Waltrop. Eine Anbindung von Herten und Kamp-Lintfort ist allerdings geplant. In anderen Städten liegen die Bahnhöfe entweder nicht in der Innenstadt (Bottrop) oder der wichtigste von mehreren Bahnhöfen ist, wie in Gladbeck oder Marl, weit von der Mitte entfernt und schlecht angebunden.

Die Studie von 2018 belegt auch erneut, dass die vorhandenen Schienensysteme der Nahverkehrsunternehmen nicht aufeinander abgestimmt sind:

„Stadt- und Straßenbahnlinien ergänzen mit ihrer interkommunalen Verbindungs- und lokalen Erschließungsfunktion das Netz der Eisenbahn. Dabei sind die Stadt- und Straßenbahnsysteme in den einzelnen Städten großteils nicht miteinander kompatibel. So wird in Duisburg, Mülheim, Essen, Bochum, Herne, Dortmund und Gelsenkirchen ein Teil der Linien mit Hochflur-, ein anderer Teil mit Niederflurfahrzeugen bedient. Während in Duisburg und Dortmund jedoch eine einheitliche Spurweite von 1435 mm besteht, sind in Mülheim, Essen, Gelsenkirchen, Herne und Bochum sowohl Strecken mit einer Spurweite von 1435 mm als auch von 1000 mm vorhanden. Ein netzübergreifender Betrieb wird in Teilbereichen zusätzlich durch unterschiedliche Fahrzeugbreiten und Zugsicherungssysteme erschwert."

Das Ergebnis dieser Probleme: Im Ruhrgebiet werden Busse und Bahnen deutlich seltener genutzt als in richtigen Metropolen. Das Ruhrgebiet ist eine Auto-Region, was weniger etwas mit der Leidenschaft der Menschen für ihre Autos zu tun hat als mit der schlichten Notwendigkeit, sie zu nutzen, um zur Arbeit zu kommen, einkaufen zu gehen oder abends auch mal ins Kino zu fahren – das es in vielen der kleineren Städte schon lange nicht mehr gibt:

„In einem Vergleich mit anderen Metropolen zeigt sich vor allem die starke Auto-Orientierung in der Metropole Ruhr auch in den dicht besiedelten Kernstädten. Dies ist zumindest teilweise auf eine polyzentrische Raumstruktur und damit verbunden teilweise vergleichsweise langen Distanzen zurückzuführen. So legt ein Einwohner der kreisfreien Städte in der Metropole Ruhr durchschnittlich knapp 31 km pro Tag zurück. Im Vergleich dazu legen im bundesweiten Mittel über alle Metropolen die Einwohner rund 13 km pro Tag zurück."

Die starke Auto-Orientierung spiegele sich auch in der Zugänglichkeit wider: 88 Prozent der Einwohnerinnen und Einwohner der kreisfreien Städte und sogar 92 Prozent der Bewohnerinnen und Bewohner der Kreise in der Metropole Ruhr stehe ein Auto zumindest gelegentlich zur Verfügung. Das seien deutlich mehr Menschen, als ein Fahrrad zur Verfügung hätten (63 Prozent in den kreisfreien Städten und 75 Prozent in den Kreisen).

Sicher, das Ruhrgebiet hat viele Zentren – die allerdings nebeneinander in seiner Mitte liegen, und dort wohnen auch über 60 Prozent der noch fünf Millionen Einwohner – aber das ist nicht das Einzige, was es von anderen Ballungsgebieten unterscheidet. Nur zaghaft benennen die Autoren der Studie das Problem:

„Für eine effektive und erfolgreiche Mobilitätsentwicklung, wie sie in den Leitsätzen und Zielen definiert ist, bedarf es einer regionalen Kooperation mit gemeinsamen Planungsstrukturen informeller oder formeller Art, die in den zu entwickelnden Handlungsansätzen zu berücksichtigen sind."

Ob Bogestra (Bochum und Gelsenkirchen), Dortmunder DSW21, Duisburger Verkehrsgesellschaft, Hagener Straßenbahn AG, Niederrheinische Verkehrsbetriebe AG, ob die Ruhrbahn, die STOAG der Stadtwerke Oberhausen, die Straßenbahn Herne – Castrop-Rauxel GmbH, die Verkehrsgesellschaft Ennepe-Ruhr oder die Vestische Straßenbahnen GmbH in weiten Teilen des Kreises Recklinghausen und Bottrop – elf Nahverkehrsunternehmen gibt es im Ruhrgebiet. Berlin mit seinen 3,5 Millionen Einwohnern kommt mit einer aus: der Berliner Verkehrsgesellschaft.

Nun gut, das Ruhrgebiet ist keine Stadt, also hinkt der Vergleich vielleicht ein wenig. Vielleicht ist es besser, wenn man nach Süden schaut: Dort gibt es den Rhein-Main-Verkehrsverbund (RMV). Er gehört 15 Landkreisen und 11 Städten in Hessen an. In seinem Einzugsgebiet leben 6,7 Millionen Menschen. Und die leisten sich nicht fünf, zehn oder fünfzehn Nahverkehrsunternehmen, sondern ein einziges: den RMV.

Dabei war die Ausgangslage für ein Nahverkehrssystem im Ruhrgebiet ausgesprochen gut: In den 1960er Jahren gab es ein zusammenhängendes Straßenbahnnetz. Städte wie Bottrop, Gladbeck, Herne, Marl, Dorsten, Recklinghausen, Oberhausen und Castrop-Rauxel waren miteinander verbunden. Die Fahrgäste gelangten mit der Straßenbahn auch in die Zentren, nach Essen, Dortmund oder Bochum. Es ging nicht schnell, aber es ging – das damalige Netz hätte sich als Grundlage eines schnelleren Stadtbahnnetzes angeboten. Und tatsächlich wurde ein solches ruhrgebietsweites Netz ab den 1960er Jahren geplant. 300 Kilometer lang sollte es werden und die Städte miteinander verbinden. Tatsächlich wurde auch mit dem Bau begonnen.

Heute gibt es in Düsseldorf, Duisburg, Essen, Bochum und Dortmund fünf Stadtbahnen im Ruhrgebiet und in

Düsseldorf – zum Teil fahren sie unterirdisch, zum Teil überirdisch. Nur verbunden miteinander sind sie kaum. Zur ursprünglich geplanten Vernetzung kam es nie.

Als besonders verheerend wirkte sich der Beschluss der Vestischen aus, im nördlichen Ruhrgebiet komplett aus dem System Straßenbahn auszusteigen. Bottrop und der gesamte Kreis Recklinghausen sind seit den frühen 1980er Jahren ohne jede Straßenbahn. Der Rückbau des einst dichten Netzes setzte bereits in den 1950er Jahren ein, womit sich das nördliche Ruhrgebiet selbst vom Zentrum der Region abschnitt. Man setzte auf das Auto, der mit Bussen betriebene Nahverkehr war für Randgruppen wie Arme, Azubis, Schüler und Alte gedacht.

So radikal, so dumm wie im nördlichen Ruhrgebiet ging man allerdings auch in den USA vor, wo zum Teil der Nahverkehr in einigen Städten noch radikaler zusammengestrichen wurde.

Dass über 700 000 Menschen heute in Bottrop und im Kreis Recklinghausen einen Nahverkehr auf dem Niveau von Landkreisen in der Provinz haben, geht auf diese Politik zurück. Es hätte anders kommen können, wenn es eine verbindliche Planung für das ganze Ruhrgebiet gegeben hätte. Aber die gab und gibt es nicht. Und unter den Folgen dieses Versagens leiden Millionen Menschen und werden es in Zukunft noch stärker tun: Die Zeit der preiswerten Auto-Mobilität geht zu Ende. Das ist in allen Städten ein Problem und überall eine Herausforderung an die Infrastruktur – in keiner Stadtregion Deutschlands bahnt sich allerdings eine solche Katastrophe an wie im Kreis Recklinghausen. Dort stehen die Menschen vor Problemen wie auf dem Land.

Filzdecke Ruhr

Einer der Gründe, warum es im Ruhrgebiet nie zu einer engen Zusammenarbeit der Städte kam, warum es überhaupt so viele Städte gibt, ist ihr wirtschaftlicher Aktivismus. Was am Beispiel des Nahverkehrs zu sehen war, trifft auch auf viele andere Bereiche zu.

Den Städten im Ruhrgebiet gehören Hunderte Unternehmen. Sie sollen die Bürger mit Strom und Wasser versorgen und Geld in die leeren Kassen der Kommunen spülen. Das ist die Theorie. In der Praxis haben Politiker jedoch oft hochriskante Investitionen getätigt, die viele Städte vollends in die Pleite treiben könnten. Ihre Großmannssucht, gepaart mit Inkompetenz und Kungelei, gefährdet die Zukunft der Region.

*

Das Ruhrgebiet ist reich. – Nicht an Geld, sondern an städtischen Unternehmen. Mehrere Hundert solcher Betriebe gibt es. Kontrolliert werden sie von Politikern und parteinahen Managern. Ein wenig so wie damals in der DDR. Dort gab es die VEBs, die Volkseigenen Betriebe. Klar, wir leben im Kapitalismus, nicht im Sozialismus. Aber dennoch lässt es sich vergleichen. Auch hierzulande wollen Politiker mit Hilfe dieser Betriebe ihre politischen Vorstellungen von Wirtschaft umsetzen. Stramm der jeweiligen Ideologie verpflichtet, sollen die kommunalen Unternehmen die besseren Firmen sein: sozialer, ökologischer, transparenter. Zweitens sollen die Ruhr-Betriebe Geld in die notorisch leeren Kassen der Kommunen spülen. Und drittens können hier verdiente Parteifreunde mit Jobs versorgt werden.

Über Jahrzehnte haben die Städte im Ruhrgebiet gut an ihren privatwirtschaftlichen Töchtern und ihren Beteiligungen verdient. Doch im Laufe der Zeit gingen die Politiker immer höhere Risiken ein – und verloren den Blick für das rechte Maß.

*

Im 19. Jahrhundert, mit Beginn der Industrialisierung, explodierten im Ruhrgebiet die Städte. Millionen Menschen zogen in die Region von Kohle und Stahl. Die Stadtväter standen vor ungeheuren Herausforderungen – und bewältigten sie, indem sie Betriebe gründeten, welche die Menschen mit Wasser, Gas und Strom versorgten, Abwasser und Müll entsorgten, später den Nahverkehr organisierten. Die Kommunen übernahmen Verantwortung – nur sie waren in der Lage, kostengünstig allen Bürgern eine Grundversorgung zu gewährleisten. Das war der eigentliche Zweck der Stadtwerke: diese „Daseinsvorsorge".

Im Laufe der Zeit wurde daraus jedoch ein „öffentlicher Zweck". Irgendwann begann man, in alles Mögliche zu investieren, Hauptsache, es brachte Geld. 2010 wurde diese Praxis offizielles Recht. Da verabschiedeten SPD und Bündnis90/Die Grünen in Nordrhein-Westfalen das „Gesetz zur Revitalisierung des Gemeindewirtschaftsrechts", das den städtischen Unternehmen erlaubte, auch außerhalb ihrer Städte zu investieren. Sogar im Ausland.

*

Die größten Engagements, die größten Verluste gibt es im Energiesektor. Nehmen wir die Firma Trianel, gegründet 1999 unter anderem von den Stadtwerken Bochum. Trianel sollte für mehrere Stadtwerke auf dem liberalisierten Markt Strom einkaufen und so günstigere Preise erzielen. Das reichte schon bald nicht mehr: Trianel stieg in die Energieproduktion ein. 2007 ging das Gas-Kraftwerk Hamm-Uentrop in Betrieb, 2013 ein 750-Megawatt-Kohlekraftwerk in Lünen ans Netz. Der Zeitpunkt war denkbar ungünstig: Inzwischen war die Energiewende ausgerufen worden, der klassische Strom hatte gegen die hochsubventionierten erneuerbaren Energien keine Chance. Aber auch in die hatte man ja investiert: Mit Borkum West II wurde für über eine Milliarde Euro ein Windpark mit 40 Windrädern und einer Leistung von 200 Megawatt in die Nordsee gebaut. Er ging um Jahre verspätet ans Netz. Das Kapital ist gebunden, Kredite müssen bedient werden.

Aufsichtsratsvorsitzender von Trianel und treibende Kraft bei der Gründung des Unternehmens war Bernd Wilmert (SPD), der damalige Vorstandsvorsitzende der Stadtwerke Bochum und einer der umtriebigsten Manager des Ruhrgebiets. Für bundesweite Schlagzeilen sorgte Wilmert, als bekannt wurde, dass die Stadtwerke Bochum Prominenten wie Uli Hoeneß oder Peer Steinbrück bis zu 25 000 Euro für Auftritte vor einem exklusiven Publikum zahlten.

Dass sich die Politiker der beiden großen Parteien in den kommunalen Unternehmen lukrative Posten und Aufträge zuschieben – man ahnt es. Und es geschieht, immer wieder. So wie in Essen. Der mittlerweile ausgeschiedene Chef der Essener Entsorgungsbetriebe (EBE) Klaus Kunze verteilte an SPD-Funktionäre teure Fußball- und Konzertkarten, genehmigte sich Vorsorgeuntersuchungen auf Firmenkosten und verschaffte einem befreundeten SPD-Ratsmitglied einen Auftrag.

*

Dass die Grünen – einst angetreten, den Filz zu lüften – längst dazugehören, hat sich noch nicht überall herumgesprochen. Doch auch solche Fälle gibt es. Nehmen wir Börje Wichert. Als Chef der Grünen im Ruhrgebiet nahm er 2014 an den Koalitionsverhandlungen mit der SPD im Ruhrparlament teil. Es ging darum, eine ganz, ganz große Koalition zu schmieden. Noch während der Verhandlungen bekam Börje Wichert einen neuen Job als Bereichsleiter für Standortmarketing bei der kommunalen Wirtschaftsförderung Business Metropole Ruhr GmbH, einem Unternehmen, das dem Ruhrparlament zugeordnet ist.

Was qualifiziert Börje Wichert für diese Aufgaben? Wenig – außer seinem Parteibuch. In einem Interview mit dem „Pottblog“ aus dem Jahre 2010 äußerte er sich zu seiner Ausbildung: Er habe mal ein paar Semester Jura studiert. Dann war er Kreisgeschäftsführer der Grünen im Ennepe-Ruhr-Kreis, wissenschaftlicher Mitarbeiter des auf Behindertenfragen spezialisierten grünen Bundestagsabgeordneten Markus Kurth, dann im Referat „Grundsatzfragen der Mobilität“ im Verkehrsministerium des Landes Nordrhein-Westfalen und ganz zum Schluss seiner Karriere auf Landesebene noch kurz im Umweltministerium unter dem grünen Minister Johannes Remmel. Alles Aufgaben und Jobs, die mit zwei Dingen nie etwas zu tun hatten: mit Wirtschaftswissenschaft und der Vermarktung von Wirtschaftsstandorten. Dennoch konnte sich Wichert gegen acht Bewerber durchsetzen, was nach Angaben der Business Metropole Ruhr natürlich nichts mit seinem Parteibuch zu tun hätte. Die Frage, warum die anderen Bewerber noch schlechter waren als der abschlusslose Börje Wichert, ließ die Business Metropole Ruhr offen.

*

Die städtischen Unternehmen und Beteiligungen werden von Politikern im Ruhrgebiet gern romantisierend „unser Tafelsilber“ genannt. Der Schatz, der Notgroschen, den man auch in schlechten Zeiten nicht anrührt. Vor allem die Aktien des Energiekonzerns RWE sind solches „Tafelsilber“.

2005 verkaufte Düsseldorf seinen Anteil an RWE und nutzte den Erlös zur Schuldentilgung. In anderen Städten sorgte das für Stirnrunzeln. Thomas Eiskirch (SPD), heute Oberbürgermeister in Bochum, etwa sagte: „Es ist mir völlig unverständlich, wie man so über einen Verkauf von Anteilen von RWE nachdenken kann. Dies zeigt ein völlig falsches Verständnis von nachhaltiger Wirtschafts- und Energiepolitik.“

Mittlerweile hat die Stadt Bochum begonnen, sich von ihren RWE-Aktien zu trennen. Zu spät und mit Verlusten in Millionenhöhe. Denn Ende 2007 lag der Kurs von RWE bei fast 100 Euro. Anfang Juni 2019 lag er bei 23 Euro.

Der Verfall des Aktienkurses belastet die Haushalte schwer. Düsseldorf ist unterdessen so gut wie schuldenfrei und hat Kindergärten, in denen Eltern ihre Kleinen ohne zusätzliche Beitragszahlungen unterbringen können. Im Ruhrgebiet sind kostenlose Kindergärten für alle undenkbar.

835 Millionen Euro zahlten die Stadtwerke Bochum und Dortmund für den Kauf der Gelsenwasser AG über die Wasser und Gas Westfalen GmbH. Und weil sie kein Geld hatten, nahmen sie einen Kredit auf. 2014 übernahmen die Stadtwerke Bochum, Dortmund, Essen, Oberhausen, Duisburg und Dinslaken das Energie-Unternehmen Steag. Der Kaufpreis: 1,1 Milliarden Euro. Die Finanzierung: über Kredite. Beide Unternehmen müssen nun mit ihren Erlösen die Schulden abbezahlen, mit denen sie gekauft wurden. Die neuen Besitzer erwarten zudem Gewinne. Es gibt berüchtigte Finanzinvestoren, die das genauso machen. Der einstige SPD-Chef Franz Müntefering nannte sie mal „Heuschrecken" – Investoren, die eigentlich wirtschaftlich gesunde Firmen aussaugen, bis diese vor die Wand fahren.

*

In einer Zeit steigender Mieten sollte man im Ruhrgebiet eigentlich ein gutes Gefühl haben: Hier gibt es sie noch, die starken städtischen Wohnungsbau-Unternehmen. Doch wie stark sind sie heute noch im Bereich von Sozialwohnungen aktiv? Zum Beispiel die Vereinigte Bochumer Wohnungsgesellschaft mbH (VBW), die zu über zwei Dritteln den Bochumer Stadtwerken gehört.

In den vergangenen fast 20 Jahren ist der Wohnungsbestand der VBW nach Verkäufen an ein Privatunternehmen kleiner geworden: Besaß sie im Jahr 2000 noch 13 277 Wohnungen, waren es 2018 nur noch 12 572. Und auch der Anteil an Sozialwohnungen schrumpfte von 7952 im Jahr 2000 auf nur noch 4040 im Jahr 2018.

Ein Grund für den gesunkenen Anteil an Sozialwohnungen ist, dass für die älteren Wohnungen die Sozialbindung auslief. Aber es wurden auch kaum neue Sozialwohnungen gebaut. Von 2010 bis 2017 errichtete die VBW 246 neue Wohnungen in Bochum. Nur 57 davon waren Sozialwohnungen. 189 waren frei finanziert und damit für sozial Schwache meist zu teuer. Und die VBW baute auch nicht nur Mietwohnungen. Von 2010 bis 2017 entstanden auch 182 Eigentumswohnungen und 26 Einfamilienhäuser.

Im Jahr 2019 will die VBW 7,5 Millionen Euro Gewinn machen. Aber den investiert sie nicht zur Gänze in dringend benötigte Sozialwohnungen. Drei Millionen Euro sollen an die Anteilseigner ausgeschüttet werden. Der größte Teil geht damit indirekt an die Stadt.

Auch bei der Dortmunder Gesellschaft für Wohnen mbH (DoGeWo21) ist die Zahl der Wohnungen seit 2000 geschrumpft – von einstmals 17 129 auf heute 16 402. Vor allem der Verkauf des Hochhauskomplexes Hannibal in Dorstfeld 2004 mit über 700 Wohnungen führte zu einer Verkleinerung des Bestandes, holte das Unternehmen jedoch auch aus den roten Zahlen.

Besaß die DoGeWo21 im Jahr 2000 noch 6736 Sozialwohnungen, sind es heute nur noch 3235. Und auch von den 184 seit 2010 gebauten Mietwohnungen – Eigentumswohnungen baute das Unternehmen nicht – sind lediglich 48 Sozialwohnungen. Fallen also auch die städtischen Wohnungsbau-Unternehmen aus, wenn es um die Schaffung preiswerter Wohnungen geht?

DOGEWO21-Geschäftsführer Klaus Graniki sieht das anders: „Wir dürfen Sozialwohnungen nur für 5,55 Euro pro Quadratmeter vermieten, im Bau kosten sie allerdings schon zehn Euro. Für eine geförderte Wohnung müsste das Wohnungsbau-Unternehmen zwei nicht geförderte zu einem deutlich höheren Preis vermieten, um die Unterdeckung bei den Sozialwohnungen auszugleichen." Auch wenn die Landesregierung die Fördermittel erhöhe, würde sich nicht viel ändern: „Man kann für das Geld nicht bauen." Von vielen Wohnungsbaugesellschaften würden die Städte auch die Abführung von Gewinnen erwarten, um die Haushalte zu sichern. „Da haben wir in Dortmund Glück, unser Oberbürgermeister Ullrich Sierau ist Stadtplaner und ist dafür, dass wir unser Geld wieder investieren." In anderen Städten, weiß Graniki, sei das anders.

Graniki wünscht sich, dass die Baukosten sinken, und sieht vor allem zwei Punkte, an denen Staat und Städte etwas tun könnten: „1990 hatten wir 5000 Bauvorschriften, heute sind es 20 000. Weniger Bürokratie würde die Preise senken." Und der DOGEWO21-Chef fordert, dass Städte den Wohnungsbaugesellschaften Grundstücke im Erbbaurecht überlassen. „Dann würden unsere Grundstückskosten sinken, und wir könnten preiswerter bauen", sagte Graniki der „Welt am Sonntag".

*

Wie kann es zu der Hörigkeit der Volkseigenen Betriebe gegenüber der Lokalpolitik kommen? Eine Erklärung liegt nahe: In den kommunalen Unternehmen werden verdiente Parteifreunde bestens untergebracht – jenseits der Beschränkungen der öffentlichen Besoldung. Stellen als Abteilungsleiter, Geschäftsführer oder Vorstandsvorsitzender sind besonders attraktiv. So attraktiv, dass ein Kommunalpolitiker in einem Hintergrundgespräch sagte, alle Parteien hätten Probleme, für frei werdende Dezernenten-, Bürgermeister- und Oberbürgermeisterpositionen gutes Personal zu finden. Denn da verdient man nicht nur weniger, sondern muss auch mehr arbeiten. Die guten Leute streben lieber in die VEBs. Auch wenn sie dort im Gegenzug den lokalen Größen Wünsche jenseits des Firmenzwecks gewähren müssen.

Um die 130 000 Euro erhält der Oberbürgermeister einer Großstadt im Ruhrgebiet pro Jahr – brutto. Für dieses Geld leitet er eine Stadtverwaltung mit mehreren Tausend Mitarbeitern, sitzt in Aufsichtsräten zahlreicher Unternehmen, leitet die Sitzungen des Rates und muss sich bei den Ortsvereinen seiner Partei sehen lassen. Ein Stressjob. Innerhalb seiner Stadt unterliegt er zudem einer massiven sozialen Kontrolle, kleinste Verfehlungen werden in der Öffentlichkeit kritisiert. Als der Dortmunder Oberbürgermeister Ullrich Sierau sich einmal mit einem Polizeibeamten stritt, der ihn ermahnte, nicht auf dem Fahrrad mit seinem Handy zu telefonieren, stand das wenige Tage später in der Zeitung und sorgte für Spott.

Wäre Sierau Geschäftsführer der Stadtwerke gewesen, hätte er diesen nicht ertragen müssen. Und nebenher wäre sein Konto zwei bis drei Mal so voll. Zwischen 300 000 und 450 000 Euro liegt das Jahreseinkommen der Stadtwerke-Chefs im Ruhrgebiet. Häufig setzen sich die Summen aus den Gehältern und Vergütungen bei gleich mehreren kommunalen Tochterunternehmen zusammen.

Noch lohnender ist es, Vorstandsvorsitzender einer Sparkasse zu sein. Da verdient man dann 448 000 Euro im Jahr in Dortmund. Oder sogar 474 000 Euro in Bochum.

*

In den 1990er Jahren, mit dem Fortschreiten der Globalisierung, änderte sich das Selbstbild der Städte und der mit ihnen verbundenen Unternehmen. Ganze Ämter wurden in GmbHs umgewandelt, und die trieben ihre Unternehmen auf Wachstumskurs. Aus biederen städtischen Angestellten wurden nun Manager. Denen gefiel das natürlich, und etliche wurden von nun an besser bezahlt.

Dass viele dieser kommunalen Manager wenig Erfahrung in der Leitung eines Betriebes hatten, war für die Entscheider nur selten ausschlaggebend. Sie konnten immerhin auf eine lange Laufbahn in der SPD zurückblicken. Das reichte erst mal. Loyalität galt mehr als Wissen.

Die Rede von der „Konzern-Stadt“ kam auf. Die städtischen Unternehmen sollten wachsen, neue Geschäftsfelder erobern und mit ihren Gewinnen Geld in die Stadtkassen spülen. Hoffnungsfelder waren nach den Deregulierungswellen gegen Ende des vergangenen Jahrhunderts vor allem die Felder Telekommunikation und Energie. Hier wollten die Städte Geld verdienen, und den Auftrag dazu bekamen die Stadtwerke. Sie wurden ausgebaut, neue wurden gegründet.

Kaum ein Politiker kann die verschachtelten Konzerne der Städte noch überblicken. Dass wirtschaftliche Betätigung immer riskant ist, scheint kaum jemandem klar zu sein. Es gibt nicht nur Gewinne. Pläne können auch mal nicht aufgehen und Verluste auf das eingesetzte Kapital die Folge sein. Tatsächlich spielt die Politik Monopoly mit dem Geld der Steuerzahler und riskiert die Zukunft der Städte.

Dabei sitzen Politiker aller Parteien in den Aufsichtsräten, verdiente Parteimitglieder häufig auf Vorstandsposten. Ehrenamtliche Kommunalpolitiker entscheiden über den Kauf von Energiekonzernen, ohne die Risiken ihres Handelns abschätzen zu können.

Die Steag ist so ein Konzern. Duisburg, Bochum, Dortmund, Dinslaken und Oberhausen kauften das Energie-Unternehmen über ihre kommunalen Töchter für rund 1,1 Milliarden Euro – auf Kredit.

Anfangs sah es nach einem guten Geschäft aus: Die Gewinne der Steag reichten nicht nur aus, um die Kredite für ihren Kauf zu bedienen. Auch an die Städte floss noch Kapital über die Beteiligungen. Doch die Steag verdiente ihr Geld vor allem mit Kohlekraftwerken. Drei davon stehen in der Türkei, in Kolumbien und auf den Philippinen und machen dort ordentliche Gewinne. Auch acht weitere Kohlekraftwerke in NRW und im Saarland, zum Teil älter als 40 Jahre und längst abgeschrieben, waren am Anfang noch gut am Markt vertreten.

Doch weil die Politik ernst mit der Energiewende machte, brach das Geschäftsmodell der Steag schnell zusammen. Der Steag-Deal war eine Wette auf die Zukunft – und diese Wette haben die Städte verloren: Die Steag machte jahrelang Verluste und kam erst nach einem harten Sparkurs wieder in die Gewinnzone. Die Städte mussten ihre Beteiligungen abschreiben: Die Stadtwerke Dinslaken schrieben 82 Prozent ihrer Beteiligung ab, die Stadtwerke Duisburg, denen 19 Prozent an der Steag gehören, hatten schon 2016 fast 40 Prozent abgeschrieben. Auch Bochum zahlte einen hohen Preis: Die Stadtwerke haben 2016 ein Drittel ihrer einst 67,5 Millionen Euro abgeschrieben.

Mittlerweile möchten mehrere Städte aus der Steag aussteigen. So hat in Essen der Rat das Ende der Beteiligung bei dem Unternehmen beschlossen, in Bochum wird über ein Ende mit Schrecken statt einem Schrecken ohne Ende nachgedacht.

*

Doch die VEBs des Ruhrgebiets sind noch aus einem anderen Grund wichtig für die Lokalpolitik. Die SPD beispielsweise erwartet von ihren Mandatsträgern, dass sie 30 Prozent ihrer Einnahmen aus Aufsichts- und Beiräten an die Parteikasse abführen. Nach Informationen des Autors will die CDU 25 Prozent, die Grünen erwarten mindestens die Hälfte. Beträge, die in den Ortsvereinen dringend gebraucht werden, denn für Kommunalwahlkämpfe gibt es kein Geld aus der Parteienfinanzierung. Bei den Dortmunder Grünen, die besonders offen über ihre finanziellen Verhältnisse informieren, machen die Spenden der Mandatsträger ein Fünftel der Einnahmen aus – ungefähr so viel wie die Mitgliedsbeiträge. Das Interesse der Parteien, irgendetwas zu ändern – die Zahl der Aufsichtsräte zu verringern etwa oder sie mit Nicht-Politikern zu besetzen – geht folglich gegen Null. Weniger Mandate bedeuten weniger Geld in den Parteikassen. Zudem gehören Aufsichtsratsmandate zum „Lifestyle" der Kommunalpolitiker. Sie bekommen Einladungen, kostenlose Computer oder subventionierte iPads. Und sie bekommen Geld. Über 6000 Euro im Jahr für ein Aufsichtsratsmandat sind schnell drin. An der Zahl der Aufsichtsratsmandate und der Bedeutung der Unternehmen erkennt man die Alphatiere der Fraktion.

Und man erkennt, dass im Ruhrgebiet die Macht noch immer männlich ist. Nur in sozialen Unternehmen tummeln sich in den Aufsichtsräten Frauen. Geht es aber um Macht und Moneten wie im Energiebereich, sind Frauen kaum zu finden. Dafür jede Menge alte weiße Männer.

So sehr sich SPD und Grüne offiziell für Quotenregelungen in der Privatwirtschaft einsetzen – bei den kommunalen Unternehmen, bei denen sie dieses Ziel schon lange hätten durchsetzen können, scheren sie sich nicht um die nominelle Gleichberechtigung.

Zentral für den Filz ist nach wie vor die SPD, die wichtigste politische Kraft im Ruhrgebiet. Interessanterweise begann der Aufstieg der SPD in der Region erst, nachdem das große Zechensterben eingesetzt hatte. Die Partei litt nicht an der Erosion des Bergbaus, sie profitierte von ihr. Das Elixier ihres Erfolgs: Die Sozialdemokraten versprachen nicht eine neue Gesellschaft – sie versprachen lediglich, sich verlässlich zu kümmern.

Und das taten sie: Wohnungen gab es bei den städtischen Wohnungsbau-Unternehmen am schnellsten, wenn man das richtige Parteibuch hatte. Das Gleiche galt für Jobs im öffentlichen Dienst. Die Rathäuser und die Unternehmen der Kommunen wurden die neuen Zechen des Ruhrgebiets. Hier fand man eine sichere Anstellung und war in gewohnte Strukturen eingebunden. Starke Personalräte sicherten die Rechte der Arbeitnehmer, Loyalität galt mehr als Leistung und eigene Ideen. Eine Kümmerer-SPD sorgte für einen wirtschaftlichen und soziokulturellen Rahmen, in dem man gut leben konnte. Zumindest solange man bereit war, sich anzupassen.

Nie vergessen wurde dabei die Einbeziehung der Opposition. „Versöhnen statt spalten", das Motto, mit dem der damalige NRW-Ministerpräsident Johannes Rau bei der Bundestagswahl 1987 fulminant scheiterte, steht für diese Politik: Alle wurden in die Vergabe der Pfründe mit einbezogen. Auch die Christdemokraten bekamen ein kleines Stück vom großen Kuchen ab, Männer aus ihren Reihen wurden ab und an mal zu Dezernenten gewählt oder erhielten Jobs in den öffentlichen Unternehmen.

Auch in Zeiten absoluter Mehrheiten ernannte die SPD die Kollegen von der CDU zu Dezernenten und Amtsleitern. Die Konservativen waren immer in die Entscheidungen innerhalb der Verwaltungen eingebunden. Die CDU hatte so immer das Gefühl, an der Macht beteiligt zu sein, und hielt sich mit Kritik zurück. Und auch bei der Verteilung von Posten in kommunalen Unternehmen wurde die CDU nie vergessen. Brotkrumen der Macht fielen immer ab. So wie im Fall von Peter Greulich:

Erfahrung in der Wirtschaft konnte er nicht vorweisen, als er 2013 in den Vorstand der Duisburger Wirtschaftsbetriebe gewählt wurde. Greulich hatte Geografie studiert, leitete das Umweltamt in Gütersloh und ging 2000 als Umweltdezernent nach Duisburg. 2006 stieg der enge Freund des damaligen Duisburger Oberbürgermeisters Adolf Sauerland (CDU) auf der Karriereleiter weiter nach oben – er wurde Stadtdirektor und damit der zweitmächtigste Mann der Stadt. Bis 2016 war Greulich gewählt. Als sich allerdings die Mehrheiten änderten und sein Kumpel Sauerland nicht mehr OB war, lief seine Zeit in der Stadtspitze ab. Das war allerdings kein Grund für ihn zur Trauer: Greulich machte seinen Platz als Stadtdirektor frei und wurde Chef der Wirtschaftsbetriebe. Ein mehr als doppelt so hohes Gehalt tröstet ihn seitdem über den Verlust des politischen Einflusses hinweg.

*

Im Februar 2015 hielt Horst Schiereck, langjähriger Oberbürgermeister von Herne, auf dem Neujahrsempfang der Gewerkschaft Verdi eine Rede. Darin sagte er, er wolle nicht „Gewerbe um jeden Preis“ ansiedeln, sondern immer auch auf „Arbeitsplatzdichte und Steuerkraft“ achten. Für Herne gelte ohnehin: „Die größten Gewerbesteuerzahler sind sehr oft die städtischen Betriebe.“

Dieses Verständnis von Wirtschaft ist bezeichnend. Weite Teile der Politik im Ruhrgebiet – und längst nicht nur der SPD – setzen auf den Staat und nicht auf die freie Wirtschaft. Das Bild des „Stadtkonzerns“ ist in den Köpfen vieler Politiker an die Stelle der Großkonzerne getreten, die früher die Arbeitswelt des Ruhrgebiets bestimmten. Nur wenn es den Konzernen gut geht, haben die Menschen im Pott Aussicht auf Arbeit und Wohlstand.

Ruhrgebietspolitiker setzen auf starke Städte und Kontrolle. Das Chaos, die Unwägbarkeiten, die mit dem freien Markt einhergehen, schätzt man nicht. Lange Zeit wurden fremde Unternehmen von einer Allianz aus Politik und den alten Großkonzernen daran gehindert, sich im Ruhrgebiet anzusiedeln. „Bodensperre“ hieß diese Politik. Unternehmen wie Henkel oder Ford wurde tatsächlich in den Nachkriegsjahren kein Land im Ruhrgebiet gegeben, auf dem sie Fabriken hätten bauen können.

*

Heute sind die Politiker des Ruhrgebiets noch immer nicht in der Lage, über die eigenen Grenzen hinwegzuschauen. Sie vergleichen ihre Stadt immer nur mit der nebenan, der es genauso schlecht geht. Und verpassen so die Chance, sich die Henkels und Fords zu holen.

Statt aus den Erfahrungen aus dem Münsterland zu lernen, das den Verlust von über 100 000 Arbeitsplätzen in der Textilindustrie verkraftet hat und heute trotzdem ein bedeutenderer Industriestandort als das Ruhrgebiet ist, schmort die Region im eigenen Saft. Die Politik redet sich ein, eine Metropole zu sein, und verdrängt das Versagen. Schuld an Problemen sind immer die anderen: der Bund, das Land, die Europäische Union, der Kapitalismus, die Banken. Gleichzeitig spielen die herrschenden Mehrheiten in den Räten mit dem Geld der Bürger Unternehmer.

Sie nutzen die Volkseigenen Betriebe zur Versorgung von Parteifreunden, zur Finanzierung der eigenen Partei und ihrer Ambitionen. Die herrschenden Mehrheiten halten an RWE-Beteiligungen fest, auch wenn sie keine Zukunft haben. Sie zocken reihenweise mit Fremdwährungskrediten und verspielen Millionen, die sie nicht haben. Mehr noch: Sie sind nicht bereit, Bilanz zu ziehen und einen vor Jahrzehnten eingeschlagenen Kurs zu ändern.

Die zahlreichen Kommunalunternehmen können in den kommenden Jahren das größte Problem für die Menschen im Ruhrgebiet werden – wenn die Verwerfungen auf den Energiemärkten sich ausweiten. Dann steht ein neuer Strukturwandel an, den niemand auffangen wird, weil Großmannssucht sich mit Inkompetenz und der Unfähigkeit zu lernen gemischt hat. Arbeitsplätze werden verschwinden und etliche Kommunen in die Pleite driften. Weder Bibliotheken noch Altentreffs können erhalten werden.

Dieser Mix aus Schönrederei und Filz ist das Rezept, aus dem man Verlierer macht. Aber dieser Mix hat auch ein Netz von Abhängigkeiten und Vorteilen für die politische Klasse des Ruhrgebiets geschaffen, von dem sie nie lassen wird. Jede Änderung würde Hunderte von Jobs Kosten; Jobs, die ihre Inhaber den Parteien zu verdanken haben.

Die engen Verbindungen mit den Städten und ihren zahlreichen Unternehmen sind eine Machtbasis für die SPD, aber zunehmend auch für CDU und Grüne. Jede enge Kooperation, gar die Schaffung einer Ruhrstadt, würde sie gefährden.

Medien

Hamburg, Berlin, Köln, Frankfurt, München oder gar Paris und London, die beiden unbestrittenen Metropolen, mit denen sich das Ruhrgebiet in seinen Selbstdarstellungen gerne vergleicht, sie alle haben eine Gemeinsamkeit: Mehrere Medien berichten über das Leben in diesen Städten und ihrem Umland. Zeitungen, die miteinander in Wettbewerb stehen. Onlinemagazine, Stadtmagazine, Radio- und TV-Sender. All diese Medien prägen das Bewusstsein der Menschen dafür, dass sie in einer Stadt leben. Wer in Berlin-Marzahn wohnt, erfährt so, was im Wedding und in Neukölln passiert. Der Deutzer bekommt mit, was in Köln-Lindenthal geschieht. Wer in Frankfurt-Bornheim wohnt, wird Bockenheim als Teil seiner Stadt kennen.

In Berlin mit seinen gut 3,5 Millionen Einwohnern erscheinen Tagesspiegel, Berliner Kurier, Berliner Zeitung,

Berliner Morgenpost, B. Z. und Bild Berlin. An Stadtmagazinen gibt es nach wie vor Tip und Zitty, den englischsprachigen Exberliner und das kostenlose 030 Magazin. Stadtweit erscheinen drei Straßenmagazine, mit der Siegessäule und blu zwei Zeitschriften für die LGBT-Szene. Drei kostenlose Anzeigenblätter gibt es auch noch.

Rundfunk Berlin-Brandenburg hat ein eigenes Programm für Berlin. Dazu kommen Radio Berlin und die Fernsehsendung Berliner Abendschau. Und Radio? Berlinweit senden 104.6 RTL, 105'5 Spreeradio und Jam FM, 94,3 rs2, Energy Berlin, Berliner Rundfunk 91.4 und 98.8 Kiss FM, Flux FM, Radio B2, Star FM, das türkischsprachige Radyo Metropol FM und das russischsprachige Radio Russkij Berlin. All diese Sender haben, neben Musik, Unterhaltung, Kultur und internationalen Nachrichten, vor allem ein Thema: Berlin. Und sie geben ihren Hörern ein ganz bestimmtes Gefühl: dass sie Berliner sind.

Gut, der Vergleich mit Berlin ist vielleicht unfair. Die Stadt hat den umkämpftesten Medienmarkt Europas. Schauen wir uns zwei andere Städte an: München und Frankfurt.

Kann Berlin mit seinen 3,5 Millionen Einwohnern mit der Größe des Ruhrgebiets gerade noch so mithalten, sind Frankfurt und München mit 700 000 und 1,4 Millionen Einwohnern deutlich kleiner. Essen und Dortmund mit ihrer mehr als einer halben Million Menschen liegen sogar, was die Größe betrifft, in Sichtweite von Frankfurt.

Frankfurt: Mit der FAZ, der Frankfurter Neuen Presse und der Frankfurter Rundschau erscheinen drei Abonnementzeitungen. Bild gibt eine Frankfurt-Ausgabe heraus. Das Stadtmagazin für Frankfurt heißt Journal Frankfurt; die lokalen Radiosender heißen Antenne Frankfurt und Radio X. Der Hessische Rundfunk sendet eine Rhein-Main-Ausgabe der Hessenschau, die Frankfurt und sein Umland abdeckt.

München: Die Süddeutsche Zeitung, die tz, der Münchner Merkur und die Abendzeitung sowie der Lokalteil der Bild sind die Tageszeitungen der bayerischen Hauptstadt. Dazu kommen noch fünf lokale Radiosender: Radio Gong 96,3, Radio Arabella 105.2, Energy München, 95.5 Charivari und Radio2day 89,0.

In Frankfurt und München gibt es für die Menschen viele Möglichkeiten, sich über ihre Stadt zu informieren. Was daran liegt, dass diese Städte Metropolen sind.

Und wie viele Medien berichten über das gesamte Ruhrgebiet? Also nicht nur über einzelne Städte, sondern über die Region mit ihren über 5 Millionen Einwohnern? Keines – nicht ein Einziges.

*

Die Tageszeitungslandschaft des Ruhrgebiets war immer schon zersplittert. Eine oder gar zwei Zeitungen, die überall im Ruhrgebiet erschienen, gab es nie. Mittlerweile ist das Elend noch größer geworden: In den meisten Städten erscheint lediglich noch eine Zeitung, nachdem sich die Funke Mediengruppe, zu denen die WAZ gehört, die Ruhr Nachrichten und der Bauer Verlag aus Marl, dem die Recklinghäuser Zeitung und andere Titel im Norden des Reviers gehören, darauf geeinigt haben, ihre Erscheinungsgebiete untereinander aufzuteilen. Die WAZ, die „Zeitung des Ruhrgebiets", erscheint schon lange nicht mehr in Dortmund, und auch die Westfälische Rundschau, der Funke-Titel für den Osten des Ruhrgebiets, gibt es seit 2013 nicht mehr. Die Rundschau ist längst eine sogenannte Zombie-Zeitung: Den Mantel liefert die WAZ aus Essen, die Lokalteile die ehemaligen Wettbewerber; eine richtige Redaktion gibt es nicht mehr.

In Hamm erscheint der Westfälische Anzeiger. In Dortmund erscheinen die Ruhr Nachrichten. Bochum, Essen, Bottrop und Gladbeck sind reines WAZ-Land. Der Norden gehört dem Bauer-Verlag. Im Süden des Reviers, im Ennepe-Ruhr-Kreis, sieht es etwas besser aus. Dort erscheint die Westfalenpost, die WAZ gibt es in Witten, Hattingen und Sprockhövel und die Westdeutsche Zeitung in Sprockhövel. In Duisburg gibt es neben der WAZ auch die Rheinische Post. Sie wird auch in dem Teil des Niederrheins gelesen, der zum Ruhrgebiet gehört. Hagen, Oberhausen, Mülheim – egal, wohin man schaut: Nirgendwo erfahren die Menschen besonders viel über ihre Nachbarstädte. Und über die Städte, die zum Ruhrgebiet gehören, aber etwas weiter weg liegen, erfahren sie gar nichts.

Daran ändern auch die vielen Radiosender nichts, die es im Ruhrgebiet gibt: Die privaten senden nur in ihrer Stadt oder vielleicht, wie Radio Emscher Lippe, mal in drei Städten. Einen revierweiten Sender gibt es nicht. Der WDR strahlt sowohl im Radio wie im Fernsehen regionale Fenster aus, die vor allem eines tun: Sie ignorieren alles, was in der Nachbarschaft passiert.

Kein Medium deckt die gesamte Region ab, niemand sorgt dafür, dass die Menschen sich über dieselben Geschichten aufregen, über sie lachen, dass sie ihre Neugier, Trauer oder ihre Wut miteinander teilen.

In Zeiten, in denen Verlage auf dem Rückzug sind, wird niemand mehr das Risiko eingehen, ein solches Medium zu gründen. Prinz und Marabo, die beiden Stadtmagazine, die ab den 1970er Jahren versucht haben, über die gesamte Region zu schreiben, gibt es schon lange nicht mehr. Der letzte Chefredakteur der WAZ, der sich für das Ruhrgebiet als Region interessierte, heißt Uwe Knüpfer. 2005 verließ er den Verlag.

Es wäre falsch, der Funke Mediengruppe oder den anderen Verlagen einen Vorwurf daraus zu machen, dass sie nie eine Zeitung für das gesamte Ruhrgebiet herausgebracht haben. Dass sie das nicht konnten, hat ganz einfache Gründe: Das Ruhrgebiet ist kein Markt. Es ist eine Ansammlung einzelner Märkte. Wer Geld verdienen und erfolgreich sein will, tut gut daran, dies zu berücksichtigen.

Ganz deutlich kann man das im Anzeigenbereich sehen. In Frankfurt, München und Berlin gibt es viele stadtweite Angebote. Es gibt Banken, die sich an alle Berliner, Frankfurter und Münchener wenden. Dasselbe ist der Fall bei Autohändlern, bei Immobilienunternehmen oder Modegeschäften. Zeitungen und Magazine bilden in ihren Erscheinungsgebieten Lebenswirklichkeiten ab, und Märkte sind Teil der Lebenswirklichkeiten von Städten. Markt, Kirche, Rathaus – Geld, Glaube und Macht, sie bilden das Zentrum jeder Stadt und jedes Dorfes.

Das Ruhrgebiet ist auch wirtschaftlich keine Stadt, und es hat auch kein Zentrum. Die vielen Banken, Sparkassen und Autohändler, sie dürfen zumeist nicht in den Revieren ihrer Kollegen wildern. Die Sparkasse Bochum schaltet keine Anzeigen, um Essener oder Dortmunder Kunden zu werben. Und der VW-Vertragshändler in Hamm darf seinem Kollegen, dem VW-Vertragshändler in Duisburg, keine Konkurrenz machen. Sie alle haben Gebietsschutz und dürfen nur in ihrer Stadt oder höchstens in ihrer unmittelbaren Nachbarschaft werben. Wer einen ganz banalen Grund wissen will, warum es noch nie eine wirklich ruhrgebietsweite Zeitung gab, findet ihn hier.

Anders verhielt es sich bei Clubs und Konzertanbietern: Ihr Publikum kam immer aus der ganzen Region. Ob Zeche Carl, Zeche Bochum, ob Bahnhof Langendreer oder früher Schacht8 in Marl, ob Flexi in Recklinghausen oder

Pappschachtel in Gelsenkirchen – treu und brav schalteten sie ihre Anzeigen in Guckloch, Coolibri und Marabo. Allerdings kamen so nicht die Werbegelder rein, die zum Erhalt solcher Magazine nötig waren. Als die Zigarettenwerbung verboten wurde, gerieten Marabo und Prinz, wie Guckloch gegen Ende hieß, schnell in Schieflage und schlossen, und Coolibri schleppt sich seinem absehbaren Ende entgegen.

Die Teilung des Marktes hat also seine Gründe, und die sorgten dafür, dass es nie ein relevantes Medium für die gesamte Region gab. Die Stadtmagazine erreichten immer nur sehr wenige Menschen.

*

Und heute? Ist es nicht einfacher geworden. Zwar ist die Erstellung eines Onlinemediums nicht teuer, aber der Betrieb schlicht nicht rentabel. Es ist wirtschaftlich undenkbar, ein Medium aufzubauen, das über die gesamte Region berichtet. Es gibt keinen entsprechenden Werbemarkt, und es gibt keine Leser, die bereit sind, dafür zu zahlen.

Man muss sich darüber nicht grämen, sondern einfach feststellen: Es gibt nicht genug Menschen, die sich für so ein Medium interessieren. Und wenn es die nicht gibt, kann es auch kein Ruhrgebiet als starke Region geben, sondern weiterhin nur einen Haufen von Städten, die nahe beieinander liegen, die zum Teil eine gemeinsame Vergangenheit haben, aber eher keine gemeinsame Zukunft.

Chance IBA

Die 1989 gestartete Internationale Bauausstellung Emscher Park (IBA) sollte der ganz große Wurf werden. Sie sollte mit zahlreichen Projekten das nördliche Ruhrgebiet ökologisch und wirtschaftlich erneuern und die Lebenssituation der Menschen dort verbessern. Kurzum: Der Anschluss an die in Deutschland und Westeuropa üblichen Standards sollte geschafft werden.

2,5 Milliarden Euro wurden in dieses Vorhaben investiert. 1,5 Milliarden davon steuerte die öffentliche Hand bei, vor allem das Land NRW und die Europäische Union, eine weitere Milliarde kam von privaten Investoren. Vor allem die großen Wohnungsbau-Unternehmen nahmen damals viel Geld in die Hand, um ihre Bestände zu modernisieren. Und das war auch nötig: In den 1980er Jahren gab es gerade im Norden des Ruhrgebiets, in Gelsenkirchen, in den nördlichen Stadtteilen von Essen, im Kreis Recklinghausen und in Bottrop noch viele Wohnungen, die mit Kohle beheizt wurden, moderne Bäder waren nicht der Standard und auch Außentoiletten keine Seltenheit.

Und die Konzentration auf den Norden des Ruhrgebiets machte Sinn. Denn auch wenn die gesamte Region wirtschaftlich und sozial weit hinter anderen deutschen Ballungsräumen zurückgefallen war: Die Situation damals im Norden des Reviers war noch dramatischer. Nicht nur die Qualität der Wohnungen war schlechter als in anderen Teilen des Ruhrgebiets. Hier war die Arbeitslosigkeit höher, das Bildungsangebot mau, Kultur Mangelware, Gründer waren eine Seltenheit und die Umwelt war deutlich belasteter. Im Norden gab es damals noch etliche Zechen, Müllverbrennungsanlagen wurden neu errichtet, die Innenstädte waren unattraktiv, und die Städte schrumpften schnell.

30 Jahre nach dem Beginn der IBA und 20 Jahre nach ihrem Ende im Jahr 1999 muss man feststellen, dass das nördliche Ruhrgebiet nach wie vor das Armenhaus der gesamten Region ist, die wiederum das Armenhaus Westdeutschlands ist.

Ein Problem der IBA war ihr Chef Karl Ganser. Bevor er Leiter der IBA wurde, war er bereits ein bekannter Geograf und Stadtplaner. Seit 1980 arbeitete er im nordrhein-westfälischen Ministerium für Landes- und Stadtentwicklung. Dessen Minister Christoph Zöpel war der geistige Vater der IBA. Ganser hatte großes Interesse an einem ökologischen Umbau, er wollte die Wohnsituation der Menschen verbessern und erkannte in den architektonischen Resten der Kohle- und Stahlindustrie steinerne Träger einer Ruhrgebietsidentifikation. Dass die Zeche Zollverein heute noch steht und UNESCO-Weltkulturerbe ist, das ist zu einem großen Teil sein Verdienst. Doch was Ganser fehlte, war jedes Verständnis für Wirtschaft. Er präsentierte sich gerne als Schöngeist, der glücklich war, gute Architektur möglich gemacht und erhalten zu haben. Aus seinem Desinteresse an wirtschaftlichen Fragen machte er kein Hehl.

*

Das größte und wichtigste Projekt, das in einem Zusammenhang mit der IBA stand, war kein IBA-Projekt: der Umbau des Flusssystems der Emscher zu gestalteten, naturnahen Gewässern. Heute schlängelt sich ein kleiner Fluss zwischen mondänen Einfamilienhäusern, einem großen See und entlang von Spazierwegen: Im Dortmunder Stadtteil Hörde erinnert nichts mehr daran, dass die Emscher mal der schmutzigste Fluss Deutschlands war. Hier ist der Umbau der Emscher und seiner Nebenbäche und Flüsse, den die Emschergenossenschaft 1992 begann und der 2020 beendet sein soll, längst abgeschlossen. Über hundert Jahre leitete fast das gesamte Ruhrgebiet seine Abwässer in den Fluss, der seine Quelle in Holzwickede hat und der nach der dritten Verlegung heute bei Dinslaken in den Rhein mündet.

Ein natürlicher Fluss werde die Emscher nie wieder sein, sagt Ilias Abawi, der Pressesprecher der Emschergenossenschaft: „Ursprünglich war die Emscher ein träge dahinfließender Fluss, der im Sommer sehr wenig Wasser führte und nach starken Regenfällen weit über seine Ufer trat." Die Industrie-Emscher, sie glich mehr einem Kanal, der von in Beton eingefassten Bächen mit Abwasser gefüllt wurde. „Und die neue Emscher ist ein ökologisches Flusssystem, das wir da, wo es geht, der Natur überlassen, das aber von unseren Fachleuten entworfen und gebaut wurde." Das Wasser der neuen Emscher werde zwar keine Trinkwasserqualität besitzen, aber die habe die alte Emscher ebenfalls nicht gehabt. Dafür gebe es wieder Forellen im Fluss, die seltene blaue Libelle werde angesiedelt werden und auch Wildpferde werde es bald wieder geben: „Wir planen die Ansiedlung von Emscherbrücher Dickköpfen in Herne. Dann bekommt die Stadt ihr Wappentier zurück.“

Ob die neue Emscher ökologisch wertvoller sein wird, als es die ursprüngliche Emscher war, kann auch Abawi nicht genau sagen.

Klar sei aber auch, dass die Geschichte der Emscher nicht nur die Geschichte einer ökologischen Katastrophe sei, die nun mit sehr viel Geld wieder ausgebügelt werden müsse, sagt Abawi: „Hätte man die Emscher und ihre Nebenflüsse damals nicht zur Entsorgung der Abwässer genutzt, hätte es das Ruhrgebiet, so wie wir es kennen, nie gegeben.“

Die Emscher wurde zeitweise der Industrialisierung geopfert. Ein Opfer, das sich unter dem Strich lohnte: Für den Bochumer Historiker Dietmar Bleidick, der unter anderem das Aral-Archiv in Bochum leitet, ist klar, „dass es keine Industrialisierung des Ruhrgebiets gegeben hätte, wenn die Emscher nicht als Abwasserkanal genutzt worden wäre“. Schon im 19. Jahrhundert habe es zwar eine Umweltgesetzgebung gegeben, aber die sei fast immer zugunsten der Industrie und des Wachstums der Städte ausgelegt worden. „Nur vereinzelt gelang es gut vernetzen Adeligen, sich gegen die Industrie zu behaupten. Ein einfacher Bauer hatte vor den Gerichten keine Chance.“ Die Gerichte hätten sich damals an dem Begriff der „ortsüblichen Verschmutzung“ orientiert. „Und wenn ein Fluss oder Bach schmutzig war, argumentierten die Unternehmen eben, das sei so üblich, und die Gerichte folgten ihnen.“

Doch diese ausgesprochen laxe Haltung der Umwelt gegenüber war die Grundlage eines in Deutschland bislang einzigartigen Wirtschaftswachstums: Innerhalb weniger Jahre wurden aus Kleinstädten Großstädte, entstanden auf Äckern Stahlwerke und wurde aus immer tieferen Schächten Kohle gefördert. Im Ruhrgebiet wuchs der Bevölkerung zwischen 1850 und 1925 von 400 000 auf 4,2 Millionen. Das Niemandsland zwischen Köln und Münster wurde zum wichtigsten Industriezentrum Europas. Millionen fanden Arbeit, gründeten Unternehmen vom Stahlkonzern bis zur kleinen Trinkhalle. – Das Ruhrgebiet, es war eine Wohlstandsmaschine.

„Man kann nicht ausrechnen, wie viel Geld hier verdient wurde, um wie viel insgesamt die Grundstückspreise stiegen und wie sehr der Wohlstand wuchs“, sagt Bleidick. Aber es werden Billionen Euro gewesen sein. Unterm Strich, in all den Jahrhunderten, seitdem der Kohle- und Stahlrausch im Ruhrgebiet begann. – Hat es sich gelohnt? Ja, sagt der Historiker: „Rechnet man das große Wohlstandswachstum gegen die Kosten, die entstanden sind, um das Emschersystem erst zu einem industriegerechten Abwassersystem umzubauen und nun in ein umweltnahes Gewässer zu wandeln, hat es sich gelohnt.“ Hätte sich die damalige Politik schon dem Gedanken der Nachhaltigkeit verschrieben, wäre das alles nicht möglich gewesen.

Doch nicht nur das ökologische Bewusstsein der Gegenwart würde eine solche Entwicklung heute nicht mehr möglich machen: „Die Entscheidungen wurden nicht demokratisch gefällt, und es gab keinen Rechtsstaat, wie wir ihn heute kennen. Alles wurde dem Ziel des schnellen wirtschaftlichen Wachstums untergeordnet.“

In Preußen und später im Deutschen Reich habe es keinerlei Ausgleich zwischen verschiedenen Interessen gegeben. „Die Unternehmer hatten das Sagen. Bevor der Staat eingriff und dafür sorgte, dass die Abwässer behandelt wurden, starben Hunderte Menschen." Sie hätten keine Chance gehabt, ihre Interessen durchzusetzen. „Und aus Rücksicht auf die Kosten wurde auch damals nicht alles gemacht, was technisch möglich gewesen wäre, um die Umweltbelastung zu senken." Zudem hätten bis in die 1870er Jahre hinein Wasser und Luft als kostenlose Ressourcen gegolten, die man einfach nutzen könne. Der Gedanke eines modernen Umweltschutzes sei einfach noch nicht im Bewusstsein der Menschen angekommen.

*

Andere IBA-Projekte haben ebenfalls bis heute Bestand, auch wenn sie kaum noch jemand mit der weithin vergessenen Bauausstellung in Verbindung bringt: Neben Zollverein gehören dazu der Gasometer in Oberhausen, der Landschaftspark Duisburg-Nord und die Jahrhunderthalle in Bochum. Die IBA setze sich für deren Erhalt ein und rettete diese Gebäudekomplexe. Was ihr allerdings nicht gelang, war, wirtschaftlich tragfähige Konzepte für ihre Nutzung zu finden. In der Regel hießen die Antworten, was man denn mit ihnen machen sollte: „Kultur" und „Freizeit".

Dass es heute Festivals wie die Ruhrtriennale gibt, die in zahlreichen ehemaligen Industriegebäuden stattfindet, und mit der „Extraschicht" sogar eine „Lange Nacht der Industriekultur" ist ein Ergebnis der IBA – und ihrer Unfähigkeit, Ideen für eine wirtschaftliche Neunutzung zu finden.

Alte Industriegebäude als Kulturstätten zu verwenden, war schon 1989 nicht neu und hatte im Ruhrgebiet damals bereits eine lange Tradition. Gansers Leistung war es, diese Nutzung der Politik zu verkaufen und damit bis heute anhaltende Millionensubventionierungen auszulösen. Denn in der Zeit vor Ganser war diese Idee weder bei den etablierten Politikern noch bei etablierten Künstlern allzu beliebt. Es waren Initiativen, junge Unternehmer und manchmal auch Besetzer, die auf die Idee kamen, alte Zechen und Werkshallen in Kulturstätten zu verwandeln: Zeche Carl in Essen, Zeche Bochum, das Zentrum Altenberg und das Drucklufthaus in Oberhausen, Schacht8 in Marl – in all diesen Gebäuden fanden seit den 1970er und 1980er Jahren Konzerte und Partys statt. Hier probten Bands und Theatergruppen, und oft waren die eher geduldet als geschätzt. Wirtschaftlich hangelte man sich von Jahr zu Jahr, die Unterstützung durch die Politik war immer unsicher.

Das änderte auch die IBA nicht, aber sie sorgte dafür, dass nun die Städte und das Land in solchen Hallen eigene Projekte starteten und sie finanziell opulent ausstatteten. Die alten Hallen wurden renoviert und für die Repräsentationskultur entdeckt. Zum Teil mussten alte Nutzer weichen. In Bochum zum Beispiel betraf das die freie Theatergruppe „Stahlhausen Enterprises", die in der restaurierten Jahrhunderthalle, dem zentralen Spielort der Ruhrtriennale, keinen Platz mehr hatte.

Mit Ganser und der IBA kam im Ruhrgebiet der Begriff „Industriekultur" auf. Zum Netzwerk der Route der Industriekultur zählen heute 900 Industrie- und Technikdenkmäler. 55 von ihnen gehören zu den Hauptattraktionen, darunter neben dem Landschaftspark Duisburg-Nord, der Zeche Zollverein und der Zeche Ewald in Herten auch das Museum der Deutschen Binnenschifffahrt in Duisburg und der Chemiepark in Marl. Es gibt 30 Themenrouten. Das Angebot reicht von „Duisburg: Stadt und Hafen", „Dortmund: Dreiklang Kohle, Stahl und Bier" bis zu „Bahnen im Revier".

Kein anderes Wort als „inflationär" beschreibt die Verwendung des Begriffes „Industriekultur" besser. Und wenn ein

Begriff über Jahrzehnte so häufig benutzt wird, prägt er sich in das Bewusstsein der Menschen ein.

*

In wohl keiner Region Deutschlands wird Industrie so stark mit Vergangenheit gleichgesetzt wie im Ruhrgebiet, der mittlerweile am wenigsten industrialisierten Region Nordrhein-Westfalens. Während es den Menschen in Baden-Württemberg, Bayern und Niedersachsen, aber auch in Westfalen oder im Sauerland noch sehr bewusst ist, dass ihr eigener Wohlstand vom Erfolg der Industrie abhängig ist, gilt sie vielen im Ruhrgebiet als etwas, das für die Zukunft keine größere Bedeutung hat, ja, als etwas Nostalgisches. Eine Fehleinschätzung, die sich in den Protesten gegen Neuansiedlungen und Gewerbegebiete niederschlägt. Das sich über Jahrzehnte hinziehende Ende des Bergbaus und der Wegfall vieler Arbeitsplätze in der Stahlindustrie haben ebenso dazu beigetragen wie das Aus für zahlreicher Standorte – von Opel, Siemens und anderen, die sich in den 1960er Jahren im Revier angesiedelt haben.

Dass Industrie, wenn sie mit Entwicklung und Wissen verbunden ist, für Wohlstand unverzichtbar ist, das ist heute im Ruhrgebiet nur wenigen Menschen klar. Schwankend zwischen Apathie und dem Glauben an zweifelhafte Trends wie Kreativwirtschaft haben viele Ruhrgebietler jeden realistischen Blick auf die Wirtschaft verloren. Ein Aspekt, der die Entwicklung der Region seit langem belastet und dies auch wohl in Zukunft tun wird.

Auch das ist ein Erbe der IBA und der auf sie gründenden Arbeit des Regionalverbandes und etlicher anderer steuerfinanzierte Akteure des Ruhrgebiets.

Chance Kulturhauptstadt

Es lag Schnee und es war bitterkalt, als am 9. und 10. Januar 2010 mit einem großen Volksfest auf Zeche Zollverein das Kulturhauptstadtjahr begann. Tausende Besucher drängelten sich im gerade eröffneten Ruhr Museum, spazierten über das aufwendig und originell illuminierte Gelände, schauten sich Konzerte und Walking Acts an. Sogar der Nahverkehr funktionierte, Pendelbusse verbanden das in Essen-Stoppenberg gelegene Zollverein-Areal mit dem Essener Hauptbahnhof.

Dass Essen für das Ruhrgebiet Kulturhauptstadt Europas wurde, zeigt, dass das Ruhrgebiet erfolgreich sein kann, wenn die lokalen Eitelkeiten überwunden werden und man beharrlich gemeinsam an einem Ziel arbeitet. Die Kulturhauptstadt war so ein Ziel, und kaum jemand hielt es anfangs für erreichbar.

Im Jahr 2001 kam bei einer gemeinsamen Sitzung der Kulturdezernenten der Städte des Ruhrgebiets die Idee auf, dass sich das Ruhrgebiet für das Jahr 2010 als Kulturhauptstadt Europas bewerben sollte. Die Vorbereitung des Projektes wurde dem damaligen Kommunalverband Ruhr übertragen. Der KVR richtete ein kleines Projektbüro ein, in dem zwei Menschen saßen, welche die Idee der Kulturhauptstadt vorantrieben und das auch in Zeiten taten, als sie dafür eher ausgelacht als unterstützt wurden: Jürgen Fischer, der aus der freien Theaterszene zum KVR kam, und der ehemalige Folkwang-Direktor Georg W. Költzsch, der leider 2005 verstarb und den Erfolg seiner Arbeit nicht mehr erleben durfte. Wer damals die beiden besuchte, erlebte zwei Menschen, die von ihrer Aufgabe schwärmten. Vor allem Költzsch hatte, wenn er über die Kulturhauptstadt-Bewerbung sprach, ein Leuchten in den Augen, das keinen Besucher kalt ließ.

Am Anfang stand das Problem, dass das Ruhrgebiet nicht als Kulturhauptstadt kandidieren konnte, da nur Städte sich bewerben konnten, keine Regionen oder Ballungsgebiete. Zwei Städte, Bochum und Essen, traten an, sich für die Region zu bewerben. Knapp setzte sich Essen gegen Bochum durch, das weiterhin sehr engagiert in Fragen Kulturhauptstadt bleiben sollte.

Und die anderen Ruhrgebietsstädte? Die waren vielfach eher desinteressiert. Dortmunds damaliger Oberbürgermeister Gerhard Langemeyer (SPD) sagte jedem, egal ob er es hören wollte oder nicht, dass seine Stadt 2006 Austragungsort der Fußballweltmeisterschaft sei und dort sogar ein Halbfinale stattfinden werde, was ja nun das deutlich wichtigere Ereignis sei. Die Kulturhauptstadt war für ihn etwas für Städte, die bei der WM nicht mitmachen durften. Tatsächlich schied Deutschland in Dortmund am 4. Juli

2006 nach einem 0:2 gegen Italien aus. Das Sommermärchen, es endete in Dortmund.

Allerdings zog sich auch keine Stadt in der Bewerbungsphase zurück. Fast alle waren sich jedoch sicher, dass Essen und das Ruhrgebiet schon auf NRW-Ebene gegen Köln ausscheiden würden. Nicht nur die Kölner hatten daran keinen Zweifel, auch der damalige NRW-Kultusminister Michael Vesper setzte auf die Domstadt. Doch Köln scheiterte an seiner eigenen Arroganz.

Nicht nur die Domstadt verwies das Ruhrgebiet im April 2006 auf die Plätze, auch gegen alle anderen Mitbewerber setzte sich Essen für das Ruhrgebiet durch. Selig feierte das Revier seinen Erfolg mit einer charmant improvisierten Party auf Zollverein, bei der sich schließlich auch Langemeyer blicken ließ. Seine Freude über den Erfolg von Essen, das konnte man an seinem Gesicht ablesen, hielt sich in Grenzen, aber höflich gratulierte er Essens damaligem Oberbürgermeister Wolfgang Reiniger (CDU).

*

Das Ruhrgebiet hatte mit dem Satz des Folkwang-Gründers Karl Ernst Osthaus „Wandel durch Kultur – Kultur durch Wandel“ gewonnen und ging nun daran, die Pläne umzusetzen, mit denen es während der langen Bewerbungsphase die verschiedenen Jurys überzeugt hatte. Das Mission Statement der Kulturhauptstadt 2010 war denn auch wenig bescheiden:

„Die Kulturhauptstadt Europas 2010 ‚Essen für das Ruhrgebiet‘ präsentiert sich als Gastgeber für alle, die den vielschichtigen Wandel von Europas legendärer Kohle- und Stahlregion zu einer polyzentrischen Kulturmetropole neuen Typs erleben wollen. Die RUHR.2010 GmbH war die verantwortliche Gesellschaft zur Vorbereitung und Realisierung des Kulturhauptstadtprogramms einschließlich der damit verbundenen Marketing- und Tourismusaktivitäten. Gemeinsam mit ihren Partnern unterstützte sie die Entwicklung von nachhaltig wirkenden Strukturen für die Kulturmetropole Ruhr. Ruhr.2010 führte die regionalen Akteure aus Kultur, Politik und Wirtschaft in kreativen Allianzen zusammen. Sie alle verfolgten das ambitionierte Ziel, dass die Metropole Ruhr eine bedeutende Rolle in der Zukunft Europas spielt und zu einer neuen, unverwechselbaren Städtemarke auf der Landkarte Europas wird."

Entsprechend ambitioniert ging man an das Programm: Es gab gemeinsame Projekte der Theater („Die Odyssee"), eine groß angelegte Zusammenarbeit mit den internationalen Partnerstädten der über 50 Revierkommunen; die Loveparade, die 2007 von Berlin nach Essen gezogen war, sollte Hunderttausende jugendliche Raver anziehen; es sollte Uraufführungen geben, ungenutzte Brachen sollten von Künstlern besiedelt werden („Land for Free") und schließlich durch die Kreativwirtschaft neue wirtschaftliche Perspektiven geschaffen werden.

Phasenweise vermittelten die Leiter der Kulturhauptstadt in der Region selbst das Gefühl, ein Ereignis zu schaffen, bei dem das Ruhrgebiet über Monate europaweit, wenn nicht weltweit im Blickpunkt der Öffentlichkeit stehen würde.

Der ehemalige WDR-Chef Fritz Pleitgen und der ehemalige Essener Kulturdezernent Oliver Scheytt waren die Geschäftsführer der Ruhr.2010 GmbH, der Architekturprofessor Karl-Heinz Petzinka war Direktor für das Themenfeld „Stadt der Möglichkeiten", der Bochumer Generalmusikdirektor Steven Sloane Direktor für das Themenfeld „Stadt der Künste", die WDR-Journalistin Asli Sevindim Direktorin für das Themenfeld „Stadt der Kulturen", und

Dieter Gorny, einstiger Gründer des Musiksenders VIVA, wurde Direktor für das Themenfeld „Stadt der Kreativität".

*

„Land for Free", eines der ambitioniertesten Projekte, bei dem Künstler Brachen im Emscherraum besiedeln sollten und so ein Beispiel für neue Nutzungsmöglichkeiten schaffen sollten, wurde schon lange vor Beginn des Kulturhauptstadtjahres gestoppt.

Andere, wie der von Gorny betreute Bereich der Kreativwirtschaft, wuchsen fast monströs: Für ein paar Jahre gaben sich fast alle Städte des Ruhrgebiets nahezu wahnhaft der Idee hin, für sie böte die Kreativwirtschaft neue Chancen für Wachstum, Jobs und die Entwicklung heruntergekommener Stadtteile. Sogar Herten hatte am Ende ein kleines Kreativquartier, und Millionen Euro flossen in Gornys Kulturhauptstadt-Medienprojekt „Lab2010", das genauso erfolglos blieb wie die meisten Kreativquartiere, die um das Jahr 2010 ausgerufen wurden. Alleine in Essen waren es phasenweise über zehn.

Das Kulturhauptstadtjahr war ein Erfolg. Vor allem die Menschen im Ruhrgebiet hatten Spaß an den Schachtzeichen, den gelben Ballons, die einstige Zechenstandorte markierten, oder an der großen „Still-Leben" genannten Party auf der A40, bei der sich eine gesamte Autobahn in ein Kultur- und Picknickareal verwandelte. Auch andere Veranstaltungen waren gut besucht. Das Ruhrgebiet war tatsächlich von einem Kulturfieber infiziert worden. Bis zur Loveparade. Innerhalb weniger Stunden wurden bei der Technoparty auf dem Gelände des ehemaligen Duisburger Güterbahnhofs 21 Menschen getötet, weitere 541 wurden schwer verletzt. Es sollte nie wieder eine Loveparade geben.

Verantwortlich für die Katastrophe waren ein unverantwortliches Missmanagement auf allen Seiten, ein fürchterlicher Dilettantismus auf Seiten der Stadtverwaltung, des Veranstalters Lopavent und auch der Polizei – für den nie jemand rechtlich zur Verantwortung gezogen wurde. Das Landgericht Duisburg stellte das Verfahren gegen sieben der zehn Angeklagten schließlich im Februar 2019 ohne Auflagen ein.

Nur der damalige Duisburger Oberbürgermeister Adolf Sauerland zahlte für sein Unvermögen: Im Februar 2012 wurde er durch ein Bürgerbegehren aus seinem Amt gewählt, an das er sich bis dahin geklammert hatte.

Mit den Toten der Loveparade endete am 24. Juli 2010 die Kulturhauptstadt. Was in den Monaten danach noch kam, interessierte kaum jemanden. Die Aufbereitung der Loveparade, die damals noch diskutierte Frage nach der Schuld, sie bestimmte die Berichterstattung über das Ende des Kulturhauptstadtjahres.

*

Aber so erfolgreich die Kulturhauptstadt 2010 auch war, so sehr sich die Menschen im Revier auch für sie begeisterten, es traten einige Probleme auf, die typisch für das Ruhrgebiet und eine Konsequenz aus dem Denken der Lokal- und Regionalpolitiker sind.

Die Kulturhauptstadt fand in jeder Stadt des Ruhrgebiets statt. Zwei Euro pro Einwohner bekamen die Kommunen vom Land, um ein eigenes Programm auf die Beine zu stellen. Das sorgte für eine ungeheure Zahl an Veranstaltungen – nur dass sie kaum Menschen erreichten und selten über die Stadtgrenze wirkten. Zehn Millionen Euro wurden dafür ausgegeben, um, egal welcher Qualität, jeder Stadt das

Gefühl zu geben, dabei zu sein, ganz so als ob Veranstaltungen innerhalb der eigenen Stadtgrenzen dafür nötig seien. In keiner anderen Großstadt käme man auf die Idee, eine Veranstaltung wie die Europäische Kulturhauptstadt so zu zersplittern. Die Konsensmaschine Ruhrgebiet, die traditionell auf die finanzielle Gießkanne anstatt auf Qualität setzt, zeigte erneut ihre hässlichen Folgen.

Auch jeden Realismus zu verlieren und die eigene Bedeutung zu überschätzen, ist für die Politiker des Ruhrgebiets typisch. Die Ruhr.2010 hätte, ohne die Loveparade, ein schönes, großes Kulturfest sein können, bei dem viele Menschen ihren Spaß gehabt hätten. Eine Aussicht, dass eine solche Veranstaltung beinahe galaktische Bedeutung haben und sich eine Region von fünf Millionen Einwohnern in wenigen Monaten neu erfinden würde, bestand nie. Wie die meisten Kulturhauptstädte Europas vor und nach 2010 war auch das Ruhrgebiet in seinem Jahr in der internationalen Presse kaum mehr als eine Randnotiz. Schon ins bundesweite Feuilleton zu kommen, war nicht ganz einfach.

Hans Georg Küppers war von 1998 bis 2007 Bochums Kulturdezernent. Gemeinsam mit Essens damaligem Kulturdezernenten trieb er die Kulturhauptstadt-Bewerbung des Ruhrgebiets voran. Als die Kulturhauptstadt stattfand, war er Kulturreferent in München. Er hat wenig von den Veranstaltungen im Ruhrgebiet mitbekommen und sagte damals dem Autor in einem Interview:

„Ich weiß, dass mir jemand jetzt eine dicke Mappe mit Presseausschnitten vorlegen kann, aber mein subjektiver Eindruck als Leser, der sich ja sogar aus biografischen Gründen mehr für das Revier interessiert als andere, war: Im Feuilleton, sowohl in München als auch in der nationalen Presse, spielte die Kulturhauptstadt nicht die ganz große Rolle. Hängengeblieben sind vor allem die großen visuellen

Ereignisse: Schachtzeichen und das Fest auf der A40. Das waren die Höhepunkte, darüber wurde überall ausführlich berichtet."

Bereits Anfang 2011 glaubte Küppers nicht daran, dass die Kulturhauptstadt das bei der Bewerbung gegebene Versprechen der Nachhaltigkeit würde erfüllen können:

„Schon das Wort Nachhaltigkeit klingt ja schlimm. Aber das, was es bezeichnet, war natürlich unser hehrer Anspruch, als wir die Kulturhauptstadt-Bewerbung auf den Weg brachten. Konnte er erfüllt werden? Ich glaube leider, dass das nicht immer der Fall ist. Sicher, es gibt mit dem U-Turm in Dortmund, dem Ruhr Museum und dem neuen Museum Folkwang Einrichtungen, die bleiben werden und die, vor allem mit dem, was sie bieten, eine sehr hohe Qualität haben. Aber das Ruhrgebiet hat sich noch nicht dauerhaft verändert. Die Probleme sind geblieben. Ich sehe auch nicht, dass die Kulturhauptstadt dazu geführt hätte, dass die Städte enger kooperieren als vorher. Das war mein Wunsch, denn das Gegeneinander, die Konkurrenz untereinander, ist das große Problem des Ruhrgebiets. Kommt es nicht zu einer ernsthaften Zusammenarbeit der Städte auf allen Bereichen, hat das Ruhrgebiet keine Chance, seine Probleme in den Griff zu bekommen."

Vor 20 Jahren waren sich fast alle, die sich mit dem Ruhrgebiet beschäftigt haben, einig: Wenn der Kommunalverband Ruhrgebiet (KVR), später der Regionalverband Ruhr (RVR) erst einmal mehr Aufgaben erhalten würde, wäre viel gewonnen. Das ist mittlerweile geschehen:

Sowohl die schwarz-gelbe Landesregierung unter Ministerpräsident Jürgen Rüttgers (CDU) als auch die rot-grüne Landesregierung unter Hannelore Kraft (SPD) haben den Verband nach Gesetzesänderungen aufgewertet. Der RVR bekam von den drei Bezirksregierungen die Planungshoheit übertragen, so dass diese für das Ruhrgebiet mittlerweile ziemlich unbedeutend sind. 2020 wird erstmals das Ruhrparlament, die Verbandsversammlung des RVR, von den Bürgern direkt gewählt werden.

Vieles, was vor 20 Jahren noch Wunschdenken war, wurde Wirklichkeit. Das Ruhrgebiet ist in vielen Bereichen mittlerweile für sich selbst verantwortlich. – Aber hat sich die Lage verbessert? Kaum! – Und woran liegt das? Sicher auch am politischen Personal.

Ruhrgebietspolitik ist kein Thema, mit dem man einen Blumentopf gewinnen kann. Das ist bislang nur einem Politiker gelungen: Norbert Lammert. Der Christdemokrat aus Bochum schaffte es bis ins zweithöchste Amt der Republik und setzte als Bundestagspräsident Maßstäbe. Die Basis seiner Karriere war der Bezirksverband Ruhr der Union, neben den Verbänden Rheinland und Westfalen eines der drei Machtzentren, die entstanden, als sich die CDU Rheinland und die CDU Westfalen-Lippe 1986 zum CDU-Landesverband NRW zusammenschlossen – und sich ein Bezirksverband im Revier gründete. Lammert war ein begeisterter Ruhrgebietler und er war ein Virtuose der Macht. Wer in NRW in der Union etwas werden wollte, brauchte auch die Stimmen aus dem Ruhrgebiet: Bei der Aufstellung von Listen für die Landtags- und Bundestagswahlen hatten Lammert und sein Bezirksverband ein wichtiges Wort mitzureden – und so etwas bedeutet Macht! Norbert Lammert saß um die Jahrhundertwende sogar im Ruhrparlament. Aber das ist lange her.

Seit vielen Jahren bestimmt die dritte Garde der Politiker den Ton im „Haus des Ruhrgebiets“ in Essen. Karriere kann man vor Ort in den Städten machen, vor allem aber im Bund und im Land. Gern genommen sind auch Spitzenpositionen in den kommunalen Unternehmen. Bei hervorragender Bezahlung auf Kanzlerniveau halten sich Arbeit und Verantwortung in Grenzen.

Zum RVR verschlägt es jene, die es nicht geschafft haben und froh sind, überhaupt noch ein Amt abbekommen zu haben: In den 1990er Jahren galt Martina Schmück-Glock (SPD) für eine kurze Zeit als kommende Frau der SPD im

Ruhrgebiet. Ihre Versuche, ein Mandat auf Bundes- oder auf Landesebene zu erringen, scheiterten. Nun ist sie seit vielen Jahren SPD-Fraktionsvorsitzende des Ruhrparlaments. Auch die Karriereträume von Sabine von der Beck (Grüne) platzten. Auch sie wurde lediglich Fraktionsvorsitzende im Ruhrparlament. Bei der CDU ist Lothar Hegemann der Stellvertreter von Roland Mitschke. Hegemann ist ein traditioneller Pöstchensammler, der es nicht mehr in den Landtag schaffte. Irgendein Mandat ist besser als keins, mag er sich gedacht haben. Auch an der Spitze des RVR sieht es düster aus. Wer glaubt, ein Verband, der fünf Millionen Menschen vertritt, würde von erstklassigem Personal geführt, der irrt.

Glück bei der Auswahl des politischen Personals gehört immer dazu, aber da weder der RVR noch seine Vorgänger sonderlich glamourös waren, war der Glücksfaktor hier immer etwas wichtiger. Lässt man Christa Thoben (CDU) beiseite, die den Verband nur übergangsweise von Oktober 2004 bis Februar 2005 leitete.

Der letzte Glücksfall an der Spitze des Regionalverbandes Ruhrgebiet war Gerd Willamowski (SPD). Fast zehn Jahre lang, von 1995 bis 2004, leitete er den Verband. Der ehemalige Stadtdirektor der Stadt Ahlen musste fast vom ersten Tag an um das Überleben des RVR kämpfen, den Wolfgang Clement, in dieser Zeit erst Landesminister und später Ministerpräsident von NRW, auflösen wollte. Viel Unterstützung bekam er anfangs weder von den Oberbürgermeistern noch von den Medien.

Der Verwaltungsbeamte Willamowski wuchs in diesen Jahren über sich hinaus, er wurde zu einem begeisterten Ruhrgebietler, entwickelte Ideen und legte sich mit Kommunalpolitikern und der Landesregierung an. Zusammen mit seinem Pressesprecher Frank Levermann bildete er ein

Duo, das für das Ruhrgebiet glühte, das begeistern konnte. Das ist lange her.

Von 2005 bis 2011 war Heinz-Dieter Klink (SPD) Direktor des RVR, ein Mann ohne Eigenschaften. War der Verband in den Jahren zuvor durchaus so etwas wie ein Thinktank, in dem Ideen für das Revier entstanden, verkam er unter Klink zu einer grauen Behörde, die sich wie ihr Direktor für nichts interessierte und für die sich bald auch niemand mehr interessierte. – Eine würdige Nachfolgerin fand Klink in Karola Geiß-Netthöfel (SPD), die sich nur in den ersten Monaten für ihr Amt interessierte und alsbald in den Klink'schen Tiefschlaf verfiel.

In einer Zeit, in welcher der RVR an Bedeutung gewann, standen an seiner Spitze zwei vollkommen ambitionslose Menschen, die zu kaum mehr fähig waren, als ein Amt zu leiten, das sich in einer mittelgroßen Stadt der ehrenvolle Aufgabe der Überwachung des ruhenden Verkehrs zu widmen hat. Geiß-Netthöfel ist immer noch im Amt.

Ausblick

Das Ruhrgebiet ist die ärmste Region Deutschlands, Gelsenkirchen die ärmste Stadt des Landes. Während es weiten Teilen der ehemaligen DDR innerhalb von 30 Jahren tatsächlich gelang, aus einem Trümmerfeld sozialistischer Stagnation zu wirtschaftlich starken Regionen zu werden, kennt die Entwicklung im Ruhrgebiet seit einem halben Jahrhundert nur eine Richtung: abwärts.

Richtig ist, dass der Strukturwandel der Ausgangspunkt für den Niedergang des Ruhrgebiets war. Richtig ist aber auch, dass nicht das Ende des Steinkohlenbergbaus und der Rückgang der Stahlproduktion das größte Problem waren. Das Wegbrechen ganzer Industrien ist so etwas Seltenes nicht. Es kam und kommt in anderen Regionen Deutschlands und der Welt vor und ist nichts anderes als ein Teil der Auswirkungen der Wirtschaftsentwicklung, die auf wenige Branchen spezialisierte Regionen besonders hart trifft.

Warum das Ruhrgebiet seine Probleme seit über 50 Jahren und mit zahllosen Milliarden an Unterstützung nicht in den Griff bekommt, hat seine Gründe im hier vorherrschenden Denken.

Das Ruhrgebiet wuchs nicht durch den Erfolg mittelständischer Unternehmer, es entstand innerhalb weniger Jahre durch die Großindustrie. Der Aufstieg von Konzernen wie Krupp und Thyssen war rasant, ausländische Investoren, vor allem aus Großbritannien, erkannten ihre Chancen und ermöglichten den rasant schnellen Wandel einer randständigen und eher verschlafenen Agrarregion zu dem wichtigsten Industriezentrum Europas.

Alles war hier immer groß, das Kleine galt nichts. Dieses „Tonnendenken", wie es der ehemalige FAZ-Redakteur Andreas Rossmann nannte, war bis in die 1960er Jahre hinein kein Problem. Die großen Unternehmen schufen Jobs für Millionen, veränderten ganze Landschaften und ließen aus Städtchen Großstädte werden. Ob Unternehmen, ob Christdemokraten oder die Sozialdemokraten, die intensiv mit den großen Industriegewerkschaften zusammenarbeiteten – sie alle waren eng miteinander verbunden und sie teilten den Glauben an Planung, große Einheiten und eine enge Verzahnung von Wirtschaft und Politik. Auch Wettbewerb hatte in diesen Kreisen keinen guten Ruf.

Und diese Politik war im Ruhrgebiet beliebt, sie kam bei den Menschen an. Ein Job bei einem der großen Konzerne war mehr als nur ein Arbeitsplatz. Man war Kruppianer, verdiente auf der Zeche nicht nur sein Geld, sondern kam über sie auch an eine Wohnung und einen Ausbildungsplatz für den Sohn.

Als es mit den Zechen und Stahlwerken ab den 1960er Jahren nicht mehr so gut lief, füllte die SPD die Lücke. Wer in der Partei war, und die SPD war nicht eine, sondern *die* Partei, hatte gute Chancen auf eine Beschäftigung in der Stadtverwaltung oder in einem der immer zahlreicher und größer werdenden öffentlichen Unternehmen. Und eine Wohnung bekam man von der städtischen Wohnungsbaugesellschaft. Das vermeintliche Idyll wurde durch Subventionen in Milliardenhöhe aufrechterhalten, die vor allem in den Erhalt des Bergbaus flossen. Neue Ideen, kleine, junge Unternehmen, Eigeninitiative hatten es schwer in dieser Welt, und sie wurden auch misstrauisch beäugt.

„Mit Paternalismus (von lat. pater = Vater)", ist in Wikipedia zu lesen, „wird eine Herrschaftsordnung beschrieben, die ihre Autorität und Herrschaftslegitimierung auf eine vormundschaftliche Beziehung zwischen herrschenden und beherrschten Personen begründet."

Im Ruhrgebiet ist Paternalismus mehr als eine Herrschaftsform, er ist eine Lebenseinstellung, die von den meisten Menschen geteilt wird.

*

Nach dem Mauerfall wurde Berlin zu einer der kulturell spannendsten Städte der Welt, weil es zuließ, manche sagen auch wegen der Unfähigkeit seiner Verwaltung zulassen musste, dass sich in den vielen leerstehenden Gebäuden der heruntergekommenen Stadt Clubs, Kneipen und Ateliers ansiedelten. Kleine Unternehmen fanden für wenig Geld Büros und Werkstätten, für alle mit wenig Geld und vielen Ideen hatte Berlin Platz.

Nur eine Region in Deutschland hatte mit Berlin vergleichbare Freiräume: das Ruhrgebiet und seine Städte. Sicher, Berlin wurde Hauptstadt, zog Unternehmen und Verlage an und hatte damit deutlich bessere Chancen zur Entwicklung, und die waren so groß, dass selbst die traditionell dilettantische Lokalpolitik der Stadt sie nicht zerstören konnte. Ein wenig hätte das Ruhrgebiet auch diesen Weg einschlagen können – mit allen Möglichkeiten, die sich daraus hätten ergeben können.

Tausende Hallen in jeder Größe standen in den 1980er und 1990er Jahren leer. Riesige Flächen wurden schlicht nicht mehr genutzt. Aber anstatt sie freizugeben und zuzulassen, dass etwas auf ihnen geschieht und sich entwickelt, anstatt auch mal als Verwaltung und Politik nicht so genau hinzuschauen und zu dulden, ja, sich darüber zu freuen, dass Menschen sich Räume aneignen und neu nutzen, waren auch diese Flächen wieder nur Anlass, um Milliardensubventionen zu fordern und neue teure Strukturen zu schaffen, um die Chancen der Leere verstreichen zu lassen und mit irgendwas zu füllen, für das es in den verschiedenen Förderprogrammen dieser Zeit Geld gab. Das war dann irgendwas mit Kultur – einer Kultur, wie sie Beamten in den Ministerien in Düsseldorf und den Behörden in Brüssel gefällt. In den Verwaltungen Nordrhein-Westfalens und vor allem des Ruhrgebiets glaubt man nun einmal nicht an den Menschen mit seinen Fähigkeiten und Ideen, sondern an sich.

*

Das Ruhrgebiet ist keine Metropole, und es wird nie eine Ruhrstadt werden. Natürlich würde es Sinn machen, dieses Gewusel aus über 50 weitgehend erfolglosen Städten zu einer großen Stadt, wie Berlin sie ist, zusammenzufassen, wie es dort nach dem Ersten Weltkrieg ja auch gemacht worden ist. Aber die Beharrungskräfte sind zu groß, zu viele profitieren von der Zersplitterung des Ruhrgebiets. Die Vorstände der Nahverkehrsunternehmen, die Dezernenten der vielen Städte, die Chefs der Energie-Unternehmen, all die kleinen und gut bezahlten Sparkassenfürsten, die Bürgermeister, Oberbürgermeister und Landräte und ihr Gefolge aus Referenten, Pressestellen und Beratern haben an einer solchen Entwicklung kein Interesse, und ihre Parteien stehen hinter ihnen. Wer daran glaubt, dies würde sich noch einmal ändern, der irrt. Das Gegenteil wird der Fall sein. Sicher ist, dass das Ruhrgebiet weiter massiv schrumpfen wird. Es gibt wenige Gründe, hier zu leben, und das wird sich auch nicht mehr ändern.

Die Städte werden untereinander und mit Städten außerhalb des Ruhrgebiets kooperieren. Für die großen Städte bieten sich dabei Chancen. Duisburg kann von Düsseldorf mehr profitieren als von Hamm, für das Münster nicht nur näher liegt, sondern als Partner auch attraktiv sein kann.

Die Kernzone des Ruhrgebiets wird diese Entwicklung überstehen und von den neuen Möglichkeiten, die Nahverkehrssysteme wie der RRX sie bietet, auch profitieren. Die Randzonen, vor allem im Norden des Ruhrgebiets, werden die Leidtragenden sein. Sie werden zu mies angebundenen Vororten mit wenig attraktiven Jobs ohne Universitäten und mit nur wenigen Hochschulplätzen verkommen. Auf die Solidarität der Städte im Zentrum werden sie sich nicht verlassen können.

Das Ruhrgebiet wird in wenigen Jahrzehnten nicht mehr existieren. Es wird eine landschaftlich attraktive Region zwischen Wupper und Ruhr geben, in der viele wohnen, die in den umliegenden Städten ihr Geld verdienen. Und es wird Bochum, Essen und Dortmund mit seinen großen Hochschulen, attraktiven Wohnquartieren, interessantem Kulturangebot und modernen Unternehmen geben, die sich irgendwie im unteren Mittelmaß der deutschen Städte halten und sich nur gut fühlen werden, weil es nördlich von ihnen noch erbärmlicher sein wird; denn dort liegt die

Emscherzone, schon heute die Problemregion des noch bestehenden Reviers.

Der RVR, die wichtigste Klammer der Region, wird durch die Kooperationen der Städte weiter an Bedeutung verlieren. Sein Personal hatte in den entscheidenden Jahren nicht die nötige Klasse, um Akzente zu setzen. Durch seine Mittelmäßigkeit hat es die Chancen des Verbandes, das Ruhrgebiet als Region zu stärken, verspielt. Die zweitklassigen Politiker des Ruhrgebiets bekamen den drittklassigen Verband, den sie sich immer wünschten.

*

Hatte das Ruhrgebiet nach dem Ende von Kohle und Stahl gute Zukunftschancen? Nein, die hatte es nicht. Das Ruhrgebiet ist eine klassische Goldgräberregion. Kohle und Stahl sorgten dafür, dass aus kleinen, unwichtigen Städten und gesichtslosen Dörfern ein Ballungsgebiet mit Millionen Menschen entstand. Doch die Zeit der Kohle ist vorbei, und Stahl hat keine große Bedeutung mehr für die Region.

Goldgräberstädte gibt man wieder auf, wenn der Goldrausch zu Ende ist. Das Schicksal wird dem Ruhrgebiet wahrscheinlich erspart bleiben, aber es wird auf ein Maß zurückschrumpfen, das seinen wirtschaftlichen Perspektiven entspricht. Die überschaubare, aber vorhandene Chance, einen anderen Weg einzuschlagen, wurde verpasst.

Egal, das Leben geht weiter. Hier oder anderswo.